La guerre de Cent Ans

et le redressement de la France

1328-1492

Michel Pastoureau

La guerre de Cent Ans

et le redressement de la France

1328-1492

Préface
de
Pierre Miquel

Librairie Larousse

17, rue du Montparnasse 75006 Paris

Notre couverture :

Entrée à Paris en janvier 1378 de Charles V, roi de France, et de Charles IV, roi de Germanie.
Miniature extraite des *Grandes Chroniques de France* (XIVe siècle).
Phot. Bibliothèque nationale.

Rédaction
Alain Melchior-Bonnet
avec le concours de Pierre Thibault

Secrétariat
Jocelyne Bierry

Correction-révision
Bernard Dauphin, Annick Valade

Documentation iconographique
Françoise Guillot

Mise en pages
Eva Riffe
assistée de Jean-Michel Barthélémy

Photographie
Gérard Le Gall, Jacques Bottet, Gilles Lours,
Jacques Torossian, Michel Toulet

Direction artistique
Frédérique Longuépée et Henri Serres-Cousiné

ISBN 2-03-799073-1

Cette série a été publiée sous le titre
« Histoire de France illustrée/2 000 ans d'images » par la
Librairie Larousse

Sélection du Reader's Digest, S.A.
212, boulevard Saint-Germain, 75007 Paris
Achevé d'imprimer : décembre 1992
Dépôt légal en France : janvier 1993
Dépôt légal en Belgique : D. 1990.0621.53
ISBN 2-7098-0297-X

Impression et reliure : Grafica Editoriale (Bologne)

IMPRIMÉ EN ITALIE
(Printed in Italy)

Préface

La guerre de Cent Ans a fourni ses plus beaux thèmes à l'imagerie nationale. Elle est d'abord affaire de princes. Pour des raisons féodales et successorales, le roi d'Angleterre Édouard III veut envahir la France.

Le roi Philippe VI de Valois réunit le ban et l'arrière-ban pour l'en empêcher. La noblesse française meurt sans gloire, mais avec courage, à Crécy, puis à Poitiers. Elle fait la découverte des archers anglais.

Encore quelques désastres, et elle se résout à changer de tactique. Il lui faut cent ans pour l'emporter contre un royaume quatre fois moins peuplé : l'Angleterre d'Édouard III n'a pas 4 millions d'habitants, la France en a sans doute déjà 12 millions...

Il est vrai que les buts de guerre n'ont pas seulement l'innocence de l'imagerie féodale. Si le roi d'Angleterre est installé en Guyenne, c'est qu'il y trouve les vins de Bordeaux, qui voyagent bien en mer et se revendent très cher. Si le roi de France veut à tout prix dominer les Flandres, c'est que les industries textiles du Nord, qui disposent de la laine anglaise et de l'argent italien, rapportent gros. La France de l'Ouest est la plus riche ; elle a des mines, du sel, des villes prospères, de gras herbages et de beaux troupeaux. Cela vaut bien une longue guerre.

Les Anglais, pour l'emporter, ont un atout maître : ils viennent de détruire, en 1340, dans le port de l'Écluse, une flotte franco-castillanne qui s'apprêtait à envahir l'Angleterre. Édouard est le maître absolu du *Channel,* et se fait appeler « roi de la mer ». Il conquiert Calais et Boulogne. Il tient la porte de la France.

Tout est noir dans le royaume, la peste, et le prince aux chevauchées meurtrières. La peste *noire,* qui fait un mort sur deux Français, laisse un souvenir d'horreur. Le Prince *Noir,* dans le Sud-Ouest, accumule les ruines et les pillages. Le fils du roi d'Angleterre se taille un fief par la terreur dans le sud de la France. On s'en souvient encore aujourd'hui au fond de nos campagnes.

1346, Crécy. 1356, Poitiers. Nouveau désastre. Le roi de France (« Père, gardez-vous à gauche ») est prisonnier des Anglais. Le pauvre Jean le Bon a été capturé par son vainqueur, le Prince Noir. Pour solder sa rançon, il faut faire payer les Français. Ils se révoltent à Paris (Étienne Marcel) et dans les campagnes : ce sont les *Jacques,* maîtres un moment du Beauvaisis, écrasés par un ami des Anglais, Charles le Mauvais, l'ambitieux roi de Navarre, qui dispose d'une troupe aguerrie de mercenaires d'Armagnac. Assiégé par les troupes royales, Étienne Marcel ouvre les portes de Paris aux Anglais, qui ne sont pas loin... La trahison indigne le peuple et le prévôt des marchands est assassiné en 1358.

Encore deux ans de guerre et de négociations... Les Anglais imposent la désastreuse paix de Brétigny (sanctionnée par le traité de Calais en 1360) qui donne au roi d'Angleterre la moitié de la France. Le roi Jean est incapable de s'acquitter de sa rançon. Libéré sur parole, il retourne à Londres et meurt en prison.

Nouveau roi, nouvelle illustration : celle de Du Guesclin, qui, pour le compte de Charles V, dit « le Sage », réussit une série de coups de main contre l'occupant anglais. Il poursuit en Normandie, de château en château, le roi de Navarre Charles le Mauvais, battu définitivement à Cocherel en 1364. La Normandie revient au roi. Pour lui du Guesclin tient campagne contre les Grandes Compagnies, routiers brigands qui infestent le royaume. Il les accompagne en Espagne, pour en débarrasser le roi.

Il se retourne ensuite contre les Anglais, à qui il fait une guerre d'embuscades. Il est assez heureux pour les battre en 1370 à Pontvallain. Ce redoutable preneur de citadelles s'attaque à toutes les places anglaises. Peu à peu, les Anglais sont chassés de toutes les provinces que la paix de Brétigny leur avait abandonnées. Valeureux du Guesclin ! Il meurt en 1380, mais les Anglais n'ont plus en France que cinq villes, Bordeaux, Calais, Cherbourg, Brest et Bayonne.

En 1380, les personnages du drame changent. Charles V meurt la même année que le connétable. Le Prince Noir disparaît aussi, avant son père Édouard III. Hélas, le roi de France, Charles VI, est fou depuis 1392. Ses oncles et son frère brûlent de se combattre. L'ambitieux duc d'Orléans est en rivalité avec l'ami des Anglais, le duc de Bourgogne Philippe le Hardi. Les Armagnacs du parti d'Orléans entrent en conflit armé avec les Bourguignons. La France, déjà déchirée par la guerre anglaise, est entraînée dans la guerre civile quand le duc d'Orléans, en 1407, est assassiné en plein Paris par les soins du jeune duc de Bourgogne Jean sans Peur. Le comte d'Armagnac rallie le Midi à son écharpe blanche : il a le soutien des ducs de Berry et de Bourbon.

Mais le duc de Bourgogne a l'appui des Anglais. En 1415, le roi d'Angleterre Henri V débarque en Normandie. De Honfleur il gagne la Picardie et, de nouveau, la chevalerie française essuie une défaite : c'est Azincourt.

Les seigneurs ont chargé comme aux croisades et ils ont été décimés par les archers anglais, cachés derrière des palissades. Ils n'ont pas retenu les leçons de Du Guesclin. Leur imprévoyance ouvre de nouveau aux chevaucheurs anglais les portes du royaume.

Henri V se croit sûr de Jean sans Peur. En fait, le duc de Bourgogne hésite, tergiverse, négocie. Il est assassiné, au pont de Montereau, par les Armagnacs en 1419. Le roi d'Angleterre peut être tranquille. Il n'aura pas désormais d'allié plus fidèle que le duc de Bourgogne. Le nouveau duc, Philippe le Bon, sera son plus chaud partisan.

Il en a besoin, car son ambition est sans limite. Maître de la Normandie, en 1417, il obtient que le roi fou et la reine Isabeau dépossèdent du trône de France le dauphin Charles et lui donnent la main de leur fille Catherine. Il peut ainsi se faire reconnaître, par le traité de Troyes, en 1420, comme l'héritier de la Couronne de France.

Désormais la lutte est inexpiable, désespérée. Le dauphin Charles, héritier du royaume, n'est maître que de la région de Bourges. Heureusement Henri V meurt en 1422, deux mois après Charles VI. L'héritier d'Henri est un bébé d'un an. Son oncle, Bedford, est nommé régent. C'est lui qui administre la France anglaise. Contre lui, les seigneurs du Centre et du Midi et certains capitaines d'écorcheurs vont se rallier au dauphin Charles. Il était temps : les seigneurs du Midi lui avaient donné tout juste les moyens de lever une armée. Il risquait d'être écrasé par la nouvelle offensive que le duc de Bedford lançait contre lui. Déjà, le duc assiégeait Orléans.

Jeanne d'Arc, venue de Domrémy, en Lorraine, apportait à l'armée du Dauphin la foi qui devait lui donner sa cohésion et son impact. En ce siècle de foi ardente, la «petite Jeanne» avait eu grand mal à s'imposer, à paraître à la cour de Bourges, à se faire reconnaître comme l'envoyée du Seigneur. Mais elle avait fait merveille à Orléans. Elle incarnait la volonté populaire d'en finir avec la division du royaume, l'occupation, la guerre civile. Dieu l'avait envoyée au secours de la France. Déjà, en Normandie, les Anglais de Bedford avaient dû faire face à des révoltes populaires. La jeune Lorraine allait galvaniser, de village en village, la volonté de résistance et de redressement d'un pays qui ne demandait qu'à revivre.

Il lui manquait un roi. Par la grâce de Jeanne, Charles VII fut sacré à Reims. Désormais les Français du Nord ne pouvaient ignorer le «gentil Dauphin». La foi de Jeanne s'était communiquée à la nation. N'avait-elle pas reçu de Dieu la mission de «bouter l'Anglais hors de France»? À l'évidence, Dieu avait envoyé une sainte pour montrer la voie du salut. Les Anglais comprirent immédiatement l'importance de Jeanne d'Arc. Dès qu'elle fut capturée par les Bourguignons, ils obtinrent qu'elle leur fût livrée et la firent juger par des ecclésiastiques et savants docteurs français. Accusée de sorcellerie, elle fut brûlée vive à Rouen, en 1431. Son martyre allait faciliter la réconciliation des Français : le duc de Bourgogne passait l'éponge sur le crime de Montereau et traitait avec le roi de France. Le roi de Bourges entrait enfin dans Paris.

Les combats reprendraient contre les Anglais. Mais Charles VII disposait d'un royaume uni, reconstitué. Il pouvait battre monnaie et lever des troupes. En 1449, il entrait dans Rouen. Un an plus tard, il écrasait l'armée anglaise à Formigny. Il allait reprendre une à une toutes les villes occupées, avant d'être définitivement vainqueur à Castillon, en 1453.

Restaient les Bourguignons. L'État du grand duc était presque souverain, même s'il reconnaissait la suzeraineté du roi de France. Il était maître de la riche Flandre et de nombreux territoires du Nord. Louis XI, l'héritier de Charles VII, devrait lutter toute sa vie contre le duc héritier, Charles, dit «le Téméraire». C'est seulement par la défaite de Charles que le roi de France pourrait conclure heureusement la guerre de Cent Ans, en rassemblant véritablement sous la bannière royale l'ensemble des terres françaises.

Pierre Miquel

Sommaire

1328-1347 Les débuts de la guerre de Cent Ans

CHARLES IV LE BEL FUT LE DERNIER ROI CAPÉTIEN, descendant direct d'Hugues Capet. Il mourut en 1328, et la couronne passa à son cousin, Philippe de Valois. Ce fut pour la France l'avènement d'une dynastie nouvelle, qui demeura sur le trône jusqu'à la fin du XVIe siècle. Le royaume était alors en paix, les institutions solides et la prospérité encore certaine, même si elle n'était plus aussi florissante qu'au siècle précédent. Mais l'Europe, dans son ensemble, connaissait déjà une sorte de malaise. Bien avant la guerre, la peste, la dégradation du climat et la crise économique, l'essor démographique s'était ralenti, les défrichements s'étaient arrêtés, les activités commerciales et industrielles avaient commencé de décliner. Partout, l'expansion générale des XIIe et XIIIe siècles s'était essoufflée. On sentait venir le temps des crises. Celles du milieu du XIVe siècle devaient être très graves pour toute la chrétienté.

Ce fut aussi le temps de la guerre, une guerre de plus de cent années, entre le royaume de France et celui d'Angleterre. Une guerre catalysée par le problème dynastique et la succession au trône de France, mais où les affaires de Guyenne et de Flandre, le problème écossais et les rivalités économiques jouèrent un rôle encore plus grand que l'ambition des princes. Une guerre lente à s'engager, se traînant souvent en palabres et en négociations, une guerre où les vraies batailles furent rares et qui ne fut jamais terminée officiellement : la guerre de Cent Ans, l'une des époques les plus douloureuses dans l'histoire de notre pays.

Les causes en furent profondes. Et d'abord politiques. La vieille rivalité entre les maisons de France et d'Angleterre avait commencé le jour où le duc de Normandie, en s'emparant de la couronne d'Angleterre, était devenu plus riche et plus puissant que son suzerain. Les rois de France n'avaient cessé dès lors de faire la guerre à ces redoutables vassaux, et ils les avaient dépouillés d'une partie de leurs domaines. Mais les rois d'Angleterre recommençaient sans cesse la lutte pour recouvrer ce qu'ils avaient perdu. En outre, l'Angleterre, emprisonnée dans ses îles, avait besoin de possessions continentales pour se fournir de tout ce qui lui manquait et pour écouler une partie de ce qu'elle produisait. Ses domaines de France représentaient alors ce que seront plus tard les « colonies ». Édouard III, en réclamant, à partir de 1337, la couronne de France au nom de ses droits héréditaires, prétendait donc à la fois reprendre les domaines de ses ancêtres et satisfaire les intérêts de ses sujets. Il lança ainsi les deux royaumes dans une guerre qui se prolongea jusqu'en 1453.

◁**La bataille de Crécy (1346).** Les grandes batailles de la guerre de Cent Ans furent rares, mais elles eurent des conséquences politiques considérables. La défaite de Philippe VI à Crécy — où des bouches à feu lançant des boulets de pierre firent pour la première fois leur apparition — marqua le déclin de la cavalerie et la supériorité des archers anglais. Miniature du XVe siècle.
Phot. Arch. Snark/British Museum-Edimedia.

CHARLES IV, DERNIER FILS DE PHILIPPE LE BEL, mourut au château de Vincennes le 1er février 1328, âgé de trente-trois ans seulement. Bien que marié trois fois, il ne laissait que des filles. Mais sa dernière femme, Jeanne d'Évreux, était enceinte. Si elle accouchait d'un fils, c'était évidemment à lui que devait revenir la couronne. Si elle accouchait d'une fille, se poserait alors un délicat problème dynastique pour la succession au trône de France. En attendant la naissance de l'enfant, ce fut le cousin germain du feu roi, Philippe comte de Valois, fils de Charles de Valois, frère de Philippe le Bel, qui fut nommé régent du royaume. Comme ses trois royaux cousins récemment décédés après s'être succédé sur le trône, il était arrière-petit-fils de Saint Louis. C'était là une ascendance prestigieuse.

L'avènement de Philippe VI. Le 1er avril 1328, la reine Jeanne d'Évreux accoucha d'une fille. La succession au trône de France était ouverte. À qui revenait la couronne ? Trois prétendants pouvaient la réclamer. Tout d'abord Philippe comte d'Évreux, fils du dernier frère de Philippe le Bel et surtout mari de Jeanne de Navarre, fille de Louis X. Ensuite le roi d'Angleterre Édouard III, fils d'Isabelle de France, donc petit-fils de Philippe le Bel et neveu des trois derniers capétiens. Enfin Philippe comte de Valois, neveu de Philippe le Bel et déjà régent du royaume. Ce fut lui qui fut choisi par une assemblée de prélats et de barons du royaume, qui déclarèrent que ni Jeanne de Navarre ni Isabelle de France ne pouvaient transmettre de droits à la couronne à leur mari ou à leur fils puisqu'elles-mêmes, étant femmes, n'en avaient aucun. L'université de Paris, consultée, ratifia cette opinion, et Philippe de Valois fut proclamé roi, dès le 8 avril, sous le nom de Philippe VI. Il fut sacré à Reims le 29 mai ; contrairement à ce qui s'était passé en 1316-1317 lors de l'accession au trône puis du sacre de Philippe V le Long, cela ne provoqua sur le moment ni opposition ni mécontentement. Philippe VI apparaissait à tous comme un roi légitime. Sa montée sur le trône marqua l'avènement d'une nouvelle dynastie, celle des Valois, qui allait régner sur la France jusqu'à la fin du XVIe siècle.

En réalité, le principal rival de Philippe, le jeune roi d'Angleterre Édouard III, n'était guère en mesure, en 1328, de lui contester la couronne de France. Âgé seulement de seize ans, monté sur le trône d'Angleterre depuis moins d'un an à la suite du meurtre de son père, ordonné par sa mère, il était dans son propre royaume aux prises avec

Une dynastie nouvelle

△**Charles IV le Bel.** Le dernier des Capétiens directs s'intéressa surtout à la politique extérieure. Il brigua en vain la dignité impériale en 1327 et mourut l'année suivante, à l'âge de trente-trois ans. Miniature du XVe siècle. B. N.
Phot. B. N. - © Tallandier.

◁**Philippe de Valois reconnu roi par les barons du royaume.** La veuve de Charles IV n'ayant donné naissance qu'à une fille posthume, celle-ci fut écartée du trône et Philippe de Valois proclamé roi. Miniature du XIVe siècle.
Phot. Jean Vigne.

Jeanne d'Évreux (130 1371), reine de Franc en costume de veuve. la mort de Charles IV, sa tr sième femme était encein Elle accoucha d'une fi deux mois après la mort roi, et la couronne échut Philippe de Valois. Sur ce miniature de la fin du XVe s cle, la reine porte le deuil noir, mais ce n'était pas cas à la cour de France 1328. L'usage de porter deuil y était alors tout nc veau et se faisait en b sombre ou en violet. B. N.
Phot. Archives de documenta photographique Cauboue.

◁**Sacre de Philippe VI et de sa femme Jeanne de Bourgogne (1328).** Au plus fort des périls et malgré les changements de dynastie, la monarchie française conserva toujours un caractère essentiellement religieux. Le pouvoir du roi relevait du droit divin puisque le souverain tenait sa couronne de Dieu. À partir du moment où il avait reçu à Reims l'onction du sacre, faite par l'archevêque avec l'huile de la sainte ampoule, il exerçait un véritable sacerdoce. Et la cérémonie du toucher des écrouelles, qui suivait le sacre, en faisait un thaumaturge, un faiseur de miracles. Miniature du XIVe siècle. B.N.
Phot. Archives de documentation photographique. Cauboue.

des difficultés de tous ordres. Dès 1329, il dut même venir dans la cathédrale d'Amiens prêter hommage au nouveau roi de France pour ses fiefs de Guyenne et du Ponthieu. Philippe VI put se croire assuré de l'avenir. Édouard semblait admettre le bon droit du chef de la maison de Valois au trône de France. En fait, il se réservait de faire valoir, les armes à la main, ses prétentions dans des temps meilleurs.

Le roi et son royaume. Le nouveau souverain était un prince brillant, ardent au combat, grand amateur de joutes, de tournois et de fêtes. Il aimait le luxe et les plaisirs, ce qui ne l'empêchait pas d'être pieux et fidèle. Peu après son avènement, il semblait être le monarque le plus puissant de la chrétienté : il avait pour alliés les rois de Bohême et d'Écosse, pour parents les rois de Naples et de Hongrie, pour vassaux les rois de Majorque, de Navarre et d'Angleterre. Il tenait le pape dans la ville d'Avignon, rêvait de se faire proclamer empereur en détrônant Louis de Bavière, prince très contesté, et songeait à prendre la tête d'une nouvelle croisade pour aller délivrer les Lieux saints. Cette idée toute chevaleresque n'était plus adaptée aux conditions politiques du début du XIVe siècle. Mais Philippe y tenait et tenta vainement de la réaliser. C'était avant tout un roi-chevalier, comme l'avait été Richard Cœur de Lion ; sa cour fastueuse était la plus brillante d'Europe, et c'est à pleines mains qu'il y dépensait, au début de son règne, l'argent du Trésor.

Roi-chevalier, Philippe VI se préoccupait de frapper de beaux coups d'épée, bien qu'il ait été sans doute un prince beaucoup plus prudent que ne l'ont affirmé jadis de trop nombreux historiens. Dès son avènement, il s'offrit ainsi à aller guerroyer en Flandre pour aider le comte contre ses sujets révoltés ; il écrasa ceux-ci à la bataille de Cassel, le 23 août 1328. Toute la population de cette ville fut passée au fil de l'épée, et Bruges fut punie par la

Ange d'or de Philippe VI. △ Frappée en 1341, cette pièce — l'une des plus belles du Moyen Âge médiéval — souligne l'alliance entre le royaume de France et celui des cieux. L'ange qui tient l'écu est tout à la fois le support héraldique des armoiries aux fleurs de lys et celui d'une monarchie qui se voulait la première de la chrétienté.
Phot. Sousse Ohana.

Sacre d'Édouard III ▷ **(1327).** Le sacre des rois d'Angleterre est apparu plus tardivement que celui des rois de France, qu'il chercha à imiter. Il était administré par l'archevêque de Canterbury, dans l'église abbatiale de Westminster. L'onction ne se faisait pas avec une huile sainte, venue des cieux, mais avec une huile simplement consacrée. Miniature du XIVe siècle. Bibliothèque de Cambridge.
Phot. Edimedia.

démolition de son beffroi et par la perte de ses privilèges. La chevalerie française, qui revenait de Flandre gorgée de butin, avait vengé une seconde fois son échec cuisant de Courtrai en 1302.

La France était alors, et de très loin, le plus grand royaume d'Europe. Elle s'étendait des bouches de l'Escaut aux Pyrénées et de la Manche et de l'Atlantique à la Saône et au Rhône. Sa population atteignait seize millions d'habitants (peut-être même un peu plus), et la densité moyenne de peuplement dépassait quarante habitants au kilomètre carré. Chiffre considérable pour l'époque. Il est vrai que cette population était très inégalement répartie entre le Nord (très peuplé) et le Sud, et entre les pays de plaines et ceux de montagnes. Bien que déclinante, la prospérité du royaume (qui avait atteint son apogée au début du règne de Philippe III) était encore certaine. Les plaines d'Île-de-France, de la Beauce et de la Brie, ainsi que celles de Picardie et de Haute-Normandie constituaient l'un des foyers agricoles les plus actifs d'Europe occidentale. Les vignobles du Bordelais, d'Aunis et de Saintonge, de Beaune, d'Auxerre, d'Île-de-France même étaient encore en pleine expansion et fournissaient des vins très recherchés dans toute la chrétienté (malgré les difficultés du transport). Partout, l'élevage restait actif et la consommation de viande, importante. Paris — dont la population, au début du XIVe siècle, a été évaluée très différemment par les historiens (entre 80 000 et 200 000 habitants) — était un centre politique et économique, mais aussi une capitale intellectuelle, qui dominait la plupart des autres villes d'Occident. Elle attirait de très nombreux étrangers. La région la plus industrialisée du pays restait toutefois le comté de Flandre, région marginale et agitée, spécialisée dans la fabrication et le commerce des draps. Les difficultés que vont rencontrer ces activités au XIVe siècle devaient être lourdes de conséquences politiques et sociales pour toute l'Europe. La Flandre était, en effet, le moteur de l'Occident.

Les ambitions d'Édouard III. La jeunesse d'Édouard III avait été particulièrement troublée. Il avait vu son père, le faible Édouard II, dominé par ses favoris puis assassiné par sa femme et le favori de celle-ci, Roger Mortimer. Roi à quinze ans, Édouard III resta encore quelque temps sous la tutelle de sa mère, dans cette cour d'Angleterre où les mœurs étaient dissolues et les drames fréquents. Puis il s'en affranchit, fit pendre Mortimer en 1330, écarta sa mère des affaires et devint le véritable maître de son royaume.

Prince de noble allure, chevalier brillant, aimant les fastes, les tournois, la chasse et la guerre, Édouard III, contrairement à son adversaire Philippe VI, était aussi un politique avisé et ambitieux, un homme qui savait ce qu'il voulait et qui ne s'embarrassait guère de scrupules. Dissimulé, parfois retors, et même mégalomane selon de

◁ **La bataille de Cassel (1328),** remportée par Philippe VI sur les Flamands révoltés contre leur comte, semblait inaugurer favorablement le nouveau règne et la nouvelle dynastie. Ce fut en fait une victoire sans lendemain, la dernière de la chevalerie française. Miniature du XVe siècle. Bibliothèque royale de Bruxelles.
Phot. Bibliothèque royale Albert-Ier.

Un chevalier en grande tenue héraldique : Geoffrey Luttrell (vers 1320). ▷ À la fois signes de reconnaissance (sur les champs de bataille et de tournois), marques de possession (sur un grand nombre de bâtiments et d'objets de la vie quotidienne) et ornements décoratifs (absolument partout), les armoiries, tout au long du XIVe siècle, occupèrent une place de plus en plus grande dans la vie de toutes les classes de la société. Tout le monde avait le droit d'en adopter à la seule condition de ne pas usurper celles d'autrui. British Museum.
Phot. Fleming.

nombreux historiens anglais, il se montra souvent plus avide d'argent, de conquêtes et de pouvoir que de gloire proprement chevaleresque. Ce fut un souverain énergique et obéi, le plus puissant en Occident après ses victoires de Crécy et de Poitiers. Il régna sur l'Angleterre pendant cinquante ans.

Roi effectif dès 1330 (il l'était de droit depuis 1327), Édouard III supportait mal d'avoir été exclu, malgré sa naissance, du trône de France. Il était le petit-fils de Philippe IV le Bel, alors que Philippe VI de Valois n'en était que le neveu. Il supportait peut-être plus mal encore de voir la situa-

△ **Guerre entre l'Angleterre et l'Écosse.** Tout au long du Moyen Âge, le problème écossais gêna les projets continentaux des rois d'Angleterre, qui, à plusieurs reprises, s'immiscèrent dans les complexes querelles dynastiques du royaume d'Écosse et cherchèrent à imposer leurs candidats. Mais, jusqu'au XVIIIe siècle,

tion qui lui était réservée dans ses fiefs français d'Aquitaine (fiefs d'une très grande importance pour le bon fonctionnement de l'économie anglaise) : depuis près de deux siècles, les rois de France ne perdaient jamais une occasion pour y affirmer leur suzeraineté, pour intriguer avec les seigneurs locaux contre le roi-duc, pour empiéter sur les droits de celui-ci et y ruiner son autorité. Rapidement, il sembla à Édouard que la guerre était le seul moyen de résoudre cette situation impossible. D'une part, elle lui permettrait de reprendre la couronne de France à un prince qu'il considérait comme un usurpateur ; d'autre part, et surtout, elle l'affranchirait enfin de ce lien féodal qui l'enchaînait à son suzerain pour ses fiefs du Sud-Ouest, régions riches dont il tirait de grands profits.

Édouard III n'engagea cependant pas la lutte immédiatement. Il ne se sentait pas encore prêt. Il dissimula donc ses intentions véritables et, en 1331, renouvela son hommage à Philippe VI. Ce dernier crut à la sincérité de son royal vassal. Toutefois, différents incidents ne tardèrent pas à montrer que, sur des questions apparemment secondaires, le roi d'Angleterre prenait régulièrement parti contre le roi de France et que leurs rapports se tendaient de plus en plus. C'est ainsi qu'en Flandre, où Philippe VI restait l'allié du comte Louis de Nevers contre les bourgeois et les habitants des villes, Édouard intriguait constamment contre le pouvoir comtal et, pour lui créer les pires embarras, il interdit l'exportation de la laine anglaise sur le continent. Sans matière première, l'industrie textile flamande allait être asphyxiée. De même, Édouard attaqua les Écossais, alliés de la France, et chassa leur jeune roi David II Bruce, qui dut se réfugier à la cour de France. Enfin, en 1334, Édouard III accueil-

L'arc contre l'épée. La première phase de la guerre de Cent Ans consacra l'arc comme l'arme la plus efficace sur les champs de bataille occidentaux. Plus maniable et plus léger que l'arbalète (surtout utile dans la guerre de siège), le grand arc gallois utilisé par les archers anglais mesurait environ 1,60 m de hauteur, était en bois d'if, d'érable ou de chêne et constituait, pour qui savait s'en servir, une arme redoutable, non pas tant par sa portée que par sa rapidité et sa précision. Miniature du XVe siècle.
Phot. Archives Snark/Bibliothèque de l'Arsenal-Edimedia. ▽

l'Écosse resta pour l'Angleterre un danger permanent et, bien plus que la France, l'ennemi national héréditaire. Miniature du XVe siècle. Coll. Lausat.
Phot. Explorer Archives.

lit à sa cour, avec ostentation, un grand seigneur français, Robert d'Artois, que Philippe VI — bien qu'il fût son beau-frère — avait dû chasser du royaume à la suite d'un procès infamant. Robert ne songeait qu'à se venger et poussait le roi d'Angleterre à la guerre.

La rupture et les forces en présence. De cette opposition à la guerre ouverte, il n'y avait qu'un pas. Il fut franchi en 1337. Au mois de mai, comme le roi d'Angleterre avait fait voter des taxes extraordinaires par son Parlement et ne cachait plus ses desseins militaires, Philippe VI prit les devants et ordonna à ses troupes d'occuper la Guyenne, dont il prononça la saisie. Édouard III riposta en s'attribuant officiellement le titre de roi de France et en faisant porter à son rival une lettre de défi. Puis, à son instigation, les Flamands se soulevèrent contre leur comte et reconnurent le roi d'Angleterre comme souverain légitime de la France. La guerre de Cent Ans était commencée. Elle devait mobiliser toutes les forces des royaumes de France et d'Angleterre.

Philippe de Valois et son entourage, vivant sur le souvenir de leur victoire de Cassel, considéraient la chevalerie française comme la meilleure armée d'Europe. Ils ne savaient pas que, depuis la fin du XIIIe siècle, les rois d'Angleterre, et spécialement Édouard Ier, avaient imposé à leur pays un important effort militaire. Les Français allaient bientôt apprendre à leur détriment que, pour le recrutement, la composition, l'entraînement et l'armement des troupes de guerre, les Anglais les avaient largement devancés.

En France, tous les seigneurs devaient au roi, leur suzerain, en vertu des obligations féodales, le service militaire, ou service d'*ost.* À son appel, ils devaient accourir, amenant avec eux quelques compagnons ou vassaux qui étaient regroupés en compagnies d'environ cinquante hommes, placés sous les ordres d'un capitaine. À cela s'ajoutaient des contingents fournis par les villes, les milices urbaines, et des mercenaires étrangers, écossais, gallois, génois, allemands. Leur levée se faisait un peu au hasard, à la hâte ; et on ne savait jamais à l'avance de combien d'hommes

△ **Une scène du procès de Robert d'Artois (1332).** Tous les personnages sont identifiables grâce à leurs armoiries. En haut, le roi de France ; au-dessous, les rois de Bohême et de Navarre, familiers de sa Cour ; puis les pairs laïques (à gauche) et ecclésiastiques (à droite) ; assis à terre, les gens du parlement ; en bas, dans le groupe de droite, l'accusé et ses défenseurs. Miniature du XIVe siècle. B. N.
Phot. B. N.

Reddition d'une ville : ▷ Bayonne ouvre ses portes au duc de Lancastre. Miniature du XVe siècle. Bibliothèque municipale de Valenciennes.
Phot. Giraudon.

on pourrait disposer. En Angleterre, au contraire, Édouard avait établi des règles uniformes et simples : tous les hommes libres, de seize à soixante ans, devaient servir à la guerre. En fait, il ne traitait qu'avec des capitaines, qu'il retenait à son service et qui composaient leur compagnie d'hommes d'armes volontaires auxquels ils étaient liés par des contrats à temps : les « endentures de guerre ». De cette façon, à la convocation royale, l'armée, formée donc presque uniquement de combattants volontaires, se rassemblait en ordre, sans à-coup, avec des cadres désignés.

En France, les nobles, qui formaient la plus grosse part du contingent, ne voulaient servir qu'à cheval, si bien que les troupes d'infanterie étaient réduites. De plus, comme celles-ci ne comprenaient que des roturiers ou des mercenaires étrangers, elles étaient méprisées par les chevaliers, qui ne se gênaient guère, à l'occasion, pour bousculer cette « piétaille ». Il n'en était pas de même chez les Anglais. La place et le rôle de chacun y étaient fixés non pas d'après son origine, mais d'après sa situation de fortune. La cavalerie, à cause des dépenses énormes nécessitées par l'entretien d'une ou de plusieurs montures, était réservée aux plus riches, quelle que fût leur naissance. De plus, elle était bien moins nombreuse que l'infanterie, qui atteignait jusqu'aux quatre cinquièmes des effectifs totaux. Entre cavaliers et fantassins ne se dressait aucune barrière de caste : tous les combattants, mêlés les uns aux autres, vivaient en union étroite. Les seigneurs français ne craignaient personne en matière de bravoure. Mais ils ne voyaient dans le combat que l'occasion de brillantes prouesses individuelles, comme c'était le cas au tournoi ; ils ne cherchaient qu'à se précipiter aux premières places, sans aucun souci de discipline, pour frapper de magnifiques coups d'épée. Ils ne savaient combattre qu'à cheval. Les Anglais, au contraire, pratiquaient une discipline rigide et avaient l'expérience du combat à pied. Leur infanterie, formée de coutiliers (soldats armés d'une sorte de long couteau effilé, emmanché sur un bâton de bois, que l'on tentait d'introduire dans les interstices de l'armure) et d'archers (qui, avec leur arc en bois d'if, pouvaient lancer des flèches à une distance de quatre cents mètres) était très supérieure à l'infanterie française, où les arbalétriers n'avaient ni la rapidité ni l'entraînement des archers anglais.

L'armée anglaise présentait donc déjà tous les caractères d'une armée véritablement moderne, tandis que l'armée française restait encore, pour une large part, une cohue féodale.

Les affaires de Flandre. La défaite de Cassel et les massacres qui avaient suivi avaient laissé au cœur des Flamands un vif ressentiment. Édouard III sut l'exploiter d'autant plus facilement que, l'industrie textile de Flandre étant alimentée par les laines anglaises, le comté se trouvait sous la dépendance économique de l'Angleterre. Craignant au printemps 1336 une invasion de l'Angleterre par les troupes françaises, le souverain prohiba le 12 août 1336 l'exportation des laines anglaises vers le continent et l'importation des draps de Flandre en Angleterre. Et, en automne 1336, il confirma ces interdits par un statut qui offrit de gros avantages aux ouvriers tisserands de Flandre qui viendraient apprendre aux Anglais les secrets de leur industrie. En représailles, le comte de Flandre fit arrêter tous les marchands anglais présents sur son territoire. Aussi Édouard III prit-il en Angleterre, dès le 5 octobre 1336, une mesure analogue à l'encontre des marchands flamands dont il fit saisir les biens.

Le comté entra rapidement dans une crise économique et sociale extrêmement

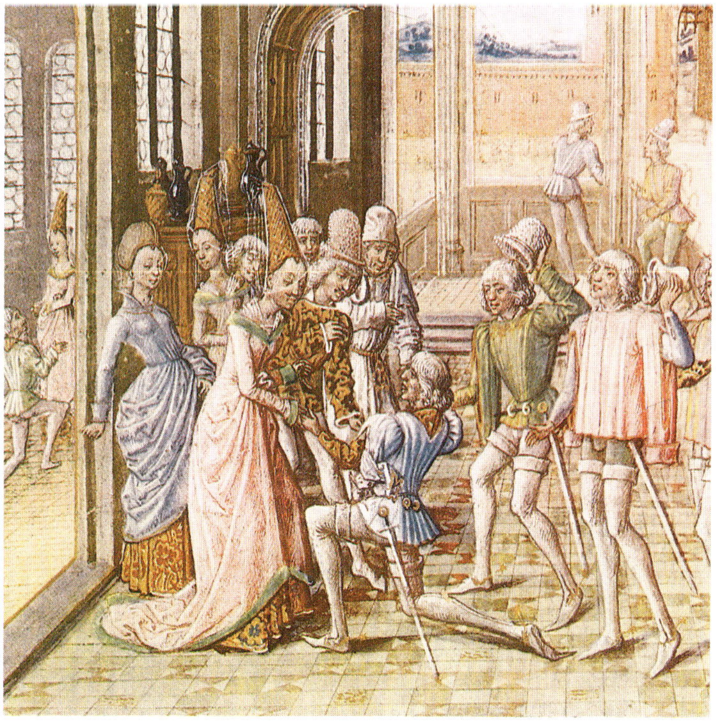

◁**Accueil du prince de Galles** à la cour d'un seigneur français. Au plus fort de la guerre franco-anglaise, les pratiques les plus chevaleresques continuèrent d'avoir cours dans les milieux princiers, y compris entre adversaires. Froissart s'est fait pendant plus d'un demi-siècle le chroniqueur de cette aristocratie qui trouvait dans les fêtes et le paraître une compensation au déclin de son rôle politique, social, économique et même militaire. Miniature du XVe siècle. Bibliothèque municipale de Valenciennes. *Phot. Lauros-Giraudon.*

grave. Désemparés, les habitants se choisirent un chef, Jacob Van Artevelde, membre de la haute bourgeoisie de Gand. Séduisant les masses par son éloquence et par son bon sens, Van Artevelde exerça rapidement à Gand, puis dans toute la Flandre, dont il réussit à faire momentanément l'unité, un pouvoir absolu. Pour des raisons économiques, il prôna le rapprochement avec le roi d'Angleterre et la révolte contre le roi de France et son protégé, le comte Louis de Nevers. Alors celui-ci fut chassé par le peuple et toutes les villes se révoltèrent. La Flandre passait à l'ennemi.

Pendant ce temps la guerre avait commencé entre les deux rois. De 1337 à 1340, il n'y eut que des escarmouches. Au printemps 1340, Édouard III réunit une immense flotte et se prépara à débarquer en Flandre. Philippe VI voulut l'en empêcher. Mais son amiral, Béhuchet, au lieu d'attendre l'ennemi en pleine mer, vint entasser ses vaisseaux dans la baie de l'Écluse, dans l'estuaire du Zwin, où devait avoir lieu le débarquement. Il les disposa sur trois lignes et les relia au moyen de gros câbles afin de barrer tout passage. Lorsque, le 24 juin 1340, arriva la flotte anglaise, les marins français se trouvèrent dans l'impossibilité de manœuvrer et furent des proies faciles pour les archers anglais. La flotte française fut décimée.

△**La guerre de siège :** le camp des assiégeants reçoit un envoyé des assiégés. La guerre de Cent Ans fut bien plus une guerre de sièges et de chevauchées que de grandes batailles rangées. Miniature du XVe siècle. B. N.
Phot. Arch. Snark/Cl. B. N.-Edimedia.

La bataille de l'Écluse (1340), dans l'estuaire du Zwin, fut la première grande bataille navale entre la France et l'Angleterre. Elle consacra la suprématie de cette dernière dans la guerre sur mer. Miniature du XVe siècle. B. N. ▷
Phot. B. N.

Tel fut le premier fait d'armes important de la guerre de Cent Ans : une bataille navale et une défaite française.

Les affaires de Bretagne. Édouard III ne profita pas tout de suite de cette victoire, qui lui assurait la maîtrise des mers pour une longue durée. Les Écossais venant de se soulever, il conclut une trêve d'un an avec Philippe VI à Esplechin.

À peine cette première trêve venait-elle d'être ratifiée qu'une autre guerre éclatait en Bretagne. Guerre de succession, confuse et longue, qui, pendant vingt-trois ans, se greffa sur le conflit franco-anglais, l'étendit et le compliqua. Le duc de Bretagne, Jean III, fidèle vassal du roi de France, était mort à Caen, de retour de Flandre, le 30 avril 1341. Il n'avait pas d'enfant légitime. De ses deux frères, l'aîné, Gui, était mort depuis six ans, laissant une fille, Jeanne de Penthièvre, mariée au neveu du roi de France, Charles de Blois. Le frère cadet, Jean de Montfort, était, lui, encore en vie. La succession fut disputée avec acharnement entre la nièce et l'oncle. Le roi de France et celui d'Angleterre intervinrent dans la querelle, le premier soutenant Jeanne de Penthièvre et son mari Charles de Blois ; le second prenant parti pour Jean de Montfort. La noblesse bretonne opta en majorité pour Jeanne de Penthièvre et favorisa la prise de Nantes par les troupes du roi de France. Montfort fut fait prisonnier. Sa femme, Jeanne de Flandre, poursuivit la lutte.

La guerre devint alors très confuse. Un moment, les deux rois se trouvèrent en présence, aux environs de Vannes, et l'on crut une grande bataille imminente. Mais ils hésitèrent à se mesurer l'un à l'autre, et une nouvelle trêve fut signée à Malestroit le 19 janvier 1343.

La déroute de Crécy. Ce fut seulement trois ans plus tard que Philippe VI et Édouard III eurent enfin l'occasion, différée pendant si longtemps, de s'affronter sur un champ de bataille. La rencontre se produisit à Crécy, en Picardie, le 26 août 1346. Malgré la prépondérance numérique des Français — plus de deux contre un — malgré les prodiges de bravoure de la chevalerie et des princes, y compris du roi, la journée tourna largement à l'avantage des Anglais. Elle prouva que ni le nombre ni le courage ne suffisaient désormais à assurer le succès contre un adversaire mieux discipliné, sachant utiliser le terrain et pourvu d'un armement supérieur.

Au mois de juillet 1346, Édouard III avait débarqué en Normandie, saccagé Caen et,

Prise de Caen par Édouard III (1346). Malgré leur origine angevine et la possession de la Guyenne, la riche Normandie restait la province préférée des rois d'Angleterre, celle qu'il fallait conquérir prioritairement et s'efforcer de conserver coûte que coûte (ils faillirent y parvenir au XVe siècle). Après le désastre de Poitiers (1356), le comportement du roi de Navarre, largement possessionné dans le duché, favorisa à plusieurs reprises les ambitions normandes d'Édouard III. Miniature du XVe siècle. B. N. *Phot. Cauboue/Artephot.*

La guerre de la Succession de Bretagne (1341-1364). Le duc Jean III était mort sans postérité. Il laissait une nièce, Jeanne de Penthièvre — fille de son frère décédé et mariée à Charles de Blois, neveu du roi de France —, et un frère cadet, Jean de Montfort. La nièce et le frère réclamèrent tous deux le duché, et il en résulta une guerre venimeuse qui empoisonna la politique française, jusqu'au règne de Charles V, favorisant toutes les entreprises anglaises dans l'ouest de la France. Miniature du XVe siècle. B. N. *Phot. B. N.*

au lieu de se diriger vers Paris, il prit le chemin du nord, vers la Flandre. Philippe VI se lança à sa poursuite et le rejoignit en Picardie. Les Anglais réussirent néanmoins à franchir la Somme et à s'installer sur la colline de Crécy. Lorsque les Français les rejoignirent, le 26 août, au lieu de reconnaître le terrain et de chercher un endroit favorable à l'attaque, ils ne songèrent qu'à se précipiter, tête baissée, sur l'ennemi. Ce fut une véritable mêlée féodale, accentuée par la pluie et l'orage. Comme les mercenaires génois, qui se trouvaient aux premiers rangs, étaient incapables d'utiliser leurs arbalètes, dont les cordes étaient mouillées, Philippe VI ordonna à ses nobles de se jeter sur eux et de les massacrer afin de dégager le passage. Les archers d'Édouard III en profitèrent pour tirer dans la mêlée et terrasser cavaliers et montures. Malgré tout son courage, la chevalerie française ne put déloger les Anglais de leur colline. Beaucoup de seigneurs et de princes, dont le comte de Flandre et le roi de Bohême, Jean l'Aveugle, furent tués. Le soir, les pertes françaises atteignaient 3 000 morts, tandis que les Anglais, inexpugnables derrière leur retranchement, n'en comptaient qu'une centaine. Les survivants, parmi lesquels comptait le roi de France, blessé, s'enfuirent dans toutes les directions.

◁**La bataille de Crécy (1346).** Contrairement à ce que l'on peut voir sur cette miniature du XVe siècle, la grande originalité du dispositif de l'armée anglaise résidait en ce que tout le monde, y compris la chevalerie, était à pied. Ce fut un avantage décisif.
Phot. B. N. - © Tallandier.

△**La bataille de Crécy** La défaite du roi de France fut totale. Philippe y avait du reste joué un rôle fort peu glorieux, incapable de faire respecter ses ordres au début des combats, et fuyant le champ de bataille bien avant la fin (au point d'ignorer le lendemain l'ampleur de ses pertes). Miniature du XVe siècle. Bibliothèque de l'Arsenal.
Phot. Sousse-Ohana.

Siège et prise de Calais. Après sa victoire, au lieu de marcher sur Paris, dont la route était libre, Édouard III préféra se diriger vers le nord. Il mit bientôt le siège devant Calais, dont la possession, à peu de distance des côtes anglaises, pouvait lui procurer pour l'avenir un point de débarquement facile et une base militaire permanente sur le continent. Ce fut pour lui un nouveau succès, mais le siège fut long et difficile. Pendant onze mois, les habitants lui opposèrent une résistance énergique et seule la famine les contraignit à capituler, le 4 août 1347.

Commandés par Jean de Vienne, les Calaisiens s'étaient résignés, pour épargner les vivres, à expulser les bouches inutiles : plus de 1 700 femmes, vieillards et enfants. Puis ils attendirent en vain les secours de Philippe VI et des restes de son armée. Mais le roi de France ne put jamais franchir les barrages anglais, ni sur terre ni sur mer, et préféra se retirer. Calais dut capituler. Suivant le récit de Froissart, Édouard III exigea d'abord que la place se rendît à discrétion et refusa de garantir aux défenseurs la vie sauve. Il accepta finalement qu'on lui envoyât six notables bourgeois, nu-tête, nu-pieds, la corde au cou, lui remettre les clefs de la ville, avant d'avoir la tête coupée. Six habitants,

△ **Les débuts de l'artillerie.** Apparues à Crécy, les premières bombardes, qui furent ensuite surtout utilisées dans la guerre de siège, firent plus de peur (notamment aux chevaux) que de mal. Miniature de la fin du XIVe siècle. B. N.
Phot. B. N. - © Tallandier.

dont le riche marchand Eustache de Saint-Pierre, se dévouèrent. Mais, sur les prières de sa femme, Édouard III leur fit grâce. Il en fut loué jusqu'à la mort.

Calais pris, de nombreux habitants furent expulsés et remplacés par des colons anglais. Édouard retourna dans son royaume, d'où il était parti depuis quatorze mois. Sur les instances du pape, le roi de France et le roi d'Angleterre acceptèrent de conclure à l'automne 1347 une nouvelle trêve d'une année. Elle fut renouvelée en 1348 et en 1349. Entre-temps, un fléau bien plus grave que la guerre s'était abattu sur l'Occident : la peste noire.

◁ **Les bourgeois de Calais apportent les clefs de leur ville à Édouard III (1347).** Froissart a laissé un récit émouvant du dévouement d'Eustache de Saint-Pierre et de ses compagnons, venus se livrer au tout-puissant roi d'Angleterre pour éviter le massacre de tous les Calaisiens, et graciés sur l'intervention de la reine Philippa. La réalité semble avoir été plus sordide, et Eustache avoir été une sorte d'agent double ayant plus ou moins trahi les siens, après onze mois d'un siège éprouvant pour tout le monde. Miniature du XVe siècle. B. N.
Phot. B. N.

Page suivante :
La guerre au XIVe siècle. Dans les grandes batailles de la guerre de Cent Ans, les Anglais tirèrent leur supériorité d'une tactique nouvelle, combinant les avantages de l'infanterie (archers et coutiliers) à ceux d'une cavalerie n'hésitant pas, au besoin, à mettre pied à terre pour soutenir l'infanterie, s'adapter au terrain ou aux péripéties du combat et vaincre ainsi la lourde cavalerie française, empêtrée dans ses armures trop lourdes et ses énormes chevaux. Les Français ne surent jamais se battre à pied et cela leur fut fatal. Miniature du début du XVe siècle. Bibliothèque municipale de Bordeaux.
Phot. Jean Vigne.

20, 1328-1347 LES DÉBUTS DE LA GUERRE DE CENT ANS.

1347-1360 La France en perdition

La défaite de Crécy et la perte de Calais avaient été suivies d'une trêve, conclue entre le roi de France et le roi d'Angleterre à l'automne de 1347. Un fléau bien plus inquiétant que la guerre apparaissait alors dans le sud du royaume : la peste, qui touchait déjà la Provence et le Languedoc. En trois années — peut-être les pires dans toute l'histoire de l'Europe occidentale —, elle fit des ravages considérables. Les rois n'eurent plus l'esprit à faire la guerre. La trêve de 1347 fut renouvelée en 1348 et en 1349 et dura jusqu'au printemps de 1351, mais il y eut çà et là des combats de petits groupes.

Le règne de Philippe VI, inauguré dans le faste et les plaisirs, s'acheva dans le malheur et dans la ruine. Élu par ses pairs, le souverain n'avait jamais pu disposer d'une totale liberté d'action à l'égard de ceux qui l'avaient fait roi, bien que ses conseillers, pourtant fort décriés, aient souvent fait preuve de réalisme et de sang-froid. Pour la première fois depuis près de deux siècles, l'autorité monarchique ne pouvait s'exercer dans sa plénitude. Il en résulta une crise gouvernementale qui perdura jusqu'à l'avènement de Charles V en 1364. Et cela d'autant plus que la guerre nécessitait la mise en place d'une administration fiscale et militaire qui n'existait pas encore. Pour pallier l'absence d'un véritable État, il fallut multiplier les ordonnances réformatrices et recourir à l'impôt ou aux mutations monétaires fréquentes. Ainsi les besoins de l'armée purent-ils être au moins partiellement satisfaits au prix de mesures naturellement impopulaires. Celles-ci surajoutèrent leurs effets à ceux de la crise climatique, qui avait débuté en 1315 et qui se prolongea pendant plus d'un siècle. La chute générale des températures, l'augmentation de la pluviosité, le dérèglement du cycle des saisons entraînèrent le déclin général de l'économie et, par contrecoup, la montée de la misère et du banditisme ainsi que le désordre des esprits.

Dans les deux dernières années de son règne, pourtant, au plus fort des difficultés de toute nature, Philippe VI obtint deux succès diplomatiques longuement préparés : en février 1349, il acheta au roi de Majorque la ville et la seigneurie de Montpellier, qui entrèrent dans le domaine de la Couronne ; puis, au mois de juillet suivant, il paya les dettes du dauphin de Viennois Humbert II, qui souhaitait se retirer du monde et qui renonça à tous ses droits sur le Dauphiné en faveur du petit-fils du roi de France, Charles, futur Charles V. Ce dernier prit le titre de dauphin de Viennois, et le royaume s'agrandit d'un vaste territoire sur la rive gauche du Rhône.

◁ **Jean le Bon revenant à Londres se constituer prisonnier (1364).** Jusqu'aux derniers jours de sa vie, Jean le Bon se comporta en souverain léger et inconséquent, faisant passer son honneur et ses plaisirs avant les intérêts du royaume. Nourri de littérature chevaleresque, il n'avait pas compris l'évolution de la fonction royale au sein d'un système monarchique de plus en plus administratif. Miniature du XIVe siècle. B. N.
Phot. B. N.

La crise monarchique

C'EST À LA FIN DE L'ANNÉE 1347 que cette grande épidémie connue sous le nom de « peste noire » fit son apparition dans le sud du royaume. Elle arrivait d'Asie et d'Égypte, avait atteint l'Occident par Gênes et Pise, et la France par les Alpes et les ports de la Méditerranée. Son point de départ se situait probablement en Crimée, et, plus loin encore, au pays des Tatars. C'était une forme de peste à bubons, se caractérisant par une inflammation des ganglions, spécialement ceux de l'aine. Ses deux principaux agents de propagation étaient la puce et, surtout, le rat.

La peste noire. L'Occident avait déjà connu la peste. Mais celle des années 1347-1349 prit des formes et une ampleur encore jamais vues. Avec elle, l'Europe connut probablement le plus épouvantable cataclysme de son histoire. En trois ans, on estime qu'elle perdit entre le tiers et la moitié de sa population. Les pertes furent toutefois inégalement réparties ; certaines régions, la Provence par exemple, perdirent les deux tiers de leurs habitants ; d'autres, comme la Bretagne, furent moins touchées. Apparue à Marseille à la fin de l'automne de 1347, la peste ravagea rapidement le Languedoc puis remonta vers l'Auvergne et la Bourgogne. Paris, l'Île-de-France et la Normandie furent touchés en août 1348. Puis ce fut le tour de l'est et du nord du royaume. Le paroxysme semble avoir été atteint entre les mois de septembre et novembre 1348. Au plus fort de l'épidémie, il mourait à Avignon 400 personnes par jour, et à Paris plus de 800. La France de 1348 était devenue un royaume mort. À la fin de l'année, la peste atteignit l'Allemagne et les Pays-Bas, puis elle passa en Angleterre. Le fléau était de plus en plus foudroyant ; l'incubation durait à peine trois jours et le malade mourait dans les deux jours qui suivaient. Selon le témoignage de Froissart, dont les estimations numériques sont malheureuse-

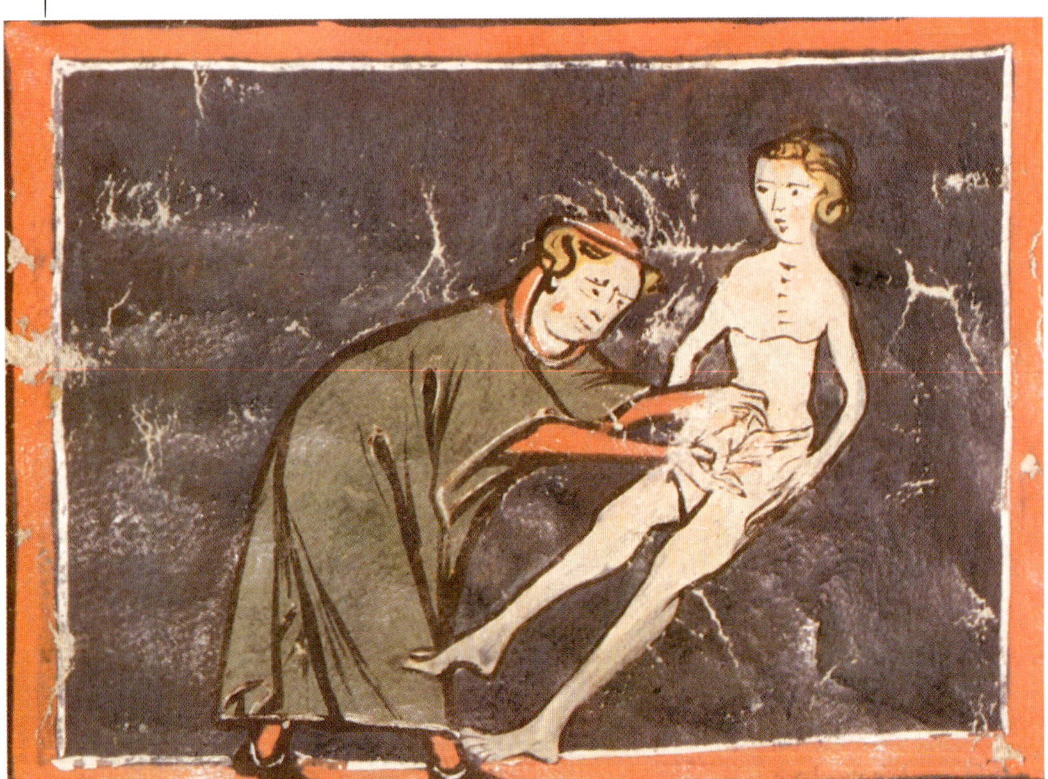

◁**Un chirurgien et son malade.** Le seul effet positif de la peste fut une réflexion médicale plus grande. Miniature du XIVe siècle. Bibliothèque de la faculté de médecine de Montpellier.
Phot. Lauros-Giraudon.

△ **Une salle d'hôpital à la fin du XIVe siècle.** L'obligation de visiter et de soigner les malades était un devoir pour la plupart des ordres monastiques féminins. Musée de l'Assistance publique.
Phot. Bulloz/Ciccione.

ment fantaisistes, Naples aurait compté 100 000 victimes ; Paris, 80 000 ; Londres, Gênes et Lyon, 40 000 ; Avignon et Strasbourg, 30 000. De mémoire d'homme, on n'avait jamais vu s'abattre sur terre une telle calamité.

La fréquentation intensive et quotidienne de la mort entraîna comme toujours des dérèglements et des excès de toutes sortes. On accusa les juifs d'avoir empoisonné les sources et les puits et d'être des « semeurs de peste » ; ce fut l'occasion de les persécuter ou de les massacrer, notamment en Languedoc. Le pape Clément VI dut s'interposer et leur donner asile dans sa ville d'Avignon, pourtant l'une des plus touchées par la peste. Puis on vit apparaître, dans la France du Nord, le mouvement des « flagellants », sortes de fous mystiques qui voulaient émouvoir le ciel en se fouettant avec des lanières de cuir renforcées par des pointes de fer. Ils allaient torse nu, chantant et se frappant, par les routes et les villages de Flandre, de Picardie et de Champagne. Bien qu'il ait été condamné par le pape et par l'université, le mouvement connut une grande ampleur.

Finalement, la peste recula à l'automne de l'année 1349 en Italie et en France, quelques mois plus tard dans l'Europe du Nord. Elle fit place à la famine, puis, dans les milieux les plus aisés, à un déborde-

Ensevelissement à la hâte des victimes de la peste dans la ville de Tournai (1349). Le XIVe siècle fut en Occident le grand siècle de la mort. La peste — qu'on ne pouvait combattre que de manière empirique puisqu'on ignorait sa cause (le bacille ne sera isolé qu'en 1894) — habitua les hommes à voir mourir leurs contemporains en séries, à vivre dans une ambiance générale de deuil et, de ce fait, à rendre moins aiguë la peur de mourir. Les survivants se soucièrent davantage de leurs fins dernières, et la mort fut institutionnalisée, suscitant désormais une littérature, une musique et une iconographie spécifiques. Miniature du XIVe siècle. Bibliothèque de Bruxelles.
Phot. Scala.

ment de vie intense : fêtes, mariages et naissances, mais aussi débauches et crimes de toute nature. Partout, les esprits étaient en plein désarroi et les sensibilités, exacerbées. Pendant la seconde moitié du XIVe siècle, le peste revint en Europe occidentale à plusieurs reprises ; elle fut souvent meurtrière, mais jamais elle ne fit des ravages comparables à ceux des années 1347-1349. Et désormais elle touchait presque exclusivement les villes.

△**Une procession à l'époque de la peste noire.** Au plus fort des calamités, la religion restait la nourriture essentielle des esprits et des cœurs. Croyant voir dans tous les malheurs qui accablaient l'Occident une punition de Dieu, une partie des fidèles et du clergé chercha à implorer sa miséricorde en se livrant à des pratiques de dévotion spectaculaires, voire outrancières : processions gigantesques, cérémonies macabres, scènes de flagellation ou d'hystérie collective. Par la suite, même sans tomber dans de tels excès, la religion de la fin du Moyen Âge devint plus mystique et plus sentimentale, s'éloignant des spéculations théologiques pour vivre plus intensément la foi en Dieu. Miniature du XIVe siècle.
Phot. Scala.

L'avènement de Jean le Bon. Malgré la trêve conclue à la fin de l'année 1347 entre le roi de France et le roi d'Angleterre, les hostilités ne cessèrent jamais complètement. Au plus fort de la peste, se produisirent un peu partout des coups de main et des combats de petits groupes. Ainsi, aux environs de Noël 1349, une troupe d'Anglais pénétra en Languedoc et s'avança jusque sous les murs de Toulouse. Moins de dix-huit mois plus tard, en mars 1351, alors que la peste était passée, se déroula en Bretagne, près de Ploërmel, le fameux combat des Trente, véritable compétition chevaleresque qui fit se pâmer d'admiration tous les chroniqueurs. Avec trente Bretons, le sire de Beaumanoir réussit à prendre le dessus sur le capitaine anglais Bramborough et ses trente compagnons. Ce combat « singulier » fut pour les contemporains comme une sorte de jugement de Dieu. Mais il n'eut évidemment aucune incidence sur la suite de la guerre entre les deux royaumes.

Les dernières années du règne de Philippe VI comptèrent parmi les plus tristes de l'histoire de la France médiévale. Aux défaites militaires, aux ravages de la guerre et à ceux de la peste, s'étaient ajoutées la famine et une terrible crise économique. Les corps et les esprits étaient malades. Autour du roi, les disparitions furent nombreuses en 1349 : son épouse, Jeanne de Bourgogne, la « male reine de France », détestée surtout des Bretons et des Normands ; sa belle-fille, Bonne de Luxembourg, qui avait apporté à la cour des Valois ce goût pour le faste et les arts qu'elle cultiva jusqu'à la fin du XVIe siècle ; sa cousine, Jeanne d'Evreux, fille du roi Louis X, celle-là même qui, en 1317, avait été écartée du trône de France parce que la coutume semblait interdire aux femmes

Mort de Philippe VI de Valois et couronnement de Jean le Bon (1350). Philippe mourut le 22 août 1350, à l'âge de 57 ans. Quelques mois avant sa mort, et trente jours seulement après celle de sa première femme, la « male reine » Jeanne de Bourgogne, il s'était remarié avec la ravissante et toute jeune (elle avait 38 ans de moins que lui !) Blanche d'Évreux-Navarre, primitivement promise à son fils Jean le Bon, alors duc de Normandie et de Guyenne. Veuve à 19 ans, Blanche ne se remaria jamais et mourut en 1398. Miniature du XVe siècle. Musée Condé, Chantilly.
Phot. Giraudon.

Sceau de Jeanne de Boulogne, seconde femme de Jean le Bon (1356). Ce roi de France fut le premier, depuis près de deux siècles, qui osa afficher une conduite fort peu chaste. Il avait épousé dès 1332 Bonne de Luxembourg, fille du roi de Bohême Jean l'Aveugle, qui lui donna neuf enfants. Elle mourut un an avant son avènement, et Jean se remaria en février 1350 avec Jeanne de Boulogne, régente du duché de Bourgogne, de la prestigieuse lignée des comtes de Boulogne (descendants du légendaire chevalier au cygne). Jeanne mourut en 1361, sans avoir donné à son volage époux un seul enfant. Archives nationales, Paris.
Phot. L. L.

d'y accéder ; bon nombre des amis et des conseillers de Philippe VI furent eux aussi victimes de la peste. Veuf, le roi se remaria avec la toute jeune Blanche de Navarre, primitivement promise à son fils Jean, duc de Normandie, et de presque 40 ans sa cadette. Philippe mourut peu de temps après, le 22 août 1350, laissant, en partie à tort, le souvenir d'un roi médiocre (sa seule excuse était de ne pas avoir été élevé pour monter sur le trône) et le royaume de France en piteux état. Du moins avait-il eu le mérite de durer, de gérer sérieusement et d'accroître le patrimoine que lui avaient légué les Capétiens.

△Le combat des Trente opposa à Mi-Voie (entre Josselin et Ploërmel), en mars 1351, soixante combattants selon les règles chevaleresques du tournoi. La victoire des trente Bretons devint un épisode de légende mais ne changea en rien l'issue de la guerre. Miniature du XVe siècle. B. N. *Phot. B. N.*

Son fils Jean lui succéda. Âgé de trente et un ans, c'était un homme de belle allure, un chevalier vigoureux, aimant l'argent, les plaisirs de la guerre. Ardent et brave, il était aussi prodigue, parfois violent, et surtout incapable de réprimer un mouvement d'humeur ou de passion. C'était, en outre, un esprit cultivé, d'intelligence moyenne, sachant entendre les arguments de ses conseillers, mais, sous le coup de la colère, il pouvait prendre des décisions brusques et malheureuses et s'y tenir avec obstination. Bien que préparé de très longue date à son métier de roi — ce qui fut le cas de bien peu de nos rois —, il resta pendant tout son règne un prince incertain. Le surnom de « le Bon », que lui donnèrent les contemporains, évoquait moins sa bravoure et son intrépidité au combat (qualités qui lui furent d'ailleurs funestes) que sa munificence conforme à son état royal. Homme d'État maladroit, il ne put trouver son équilibre. Et son gouvernement en pâtit en des temps particulièrement difficiles.

Charles le Mauvais, roi de Navarre. Ce fut dans sa propre famille que le roi Jean trouva son ennemi le plus redoutable : Charles le Mauvais, roi de Navarre, comte d'Évreux et de Mortain, personnage ambitieux et déroutant, dont les intrigues

◁**Entrée de Jean le Bon à Paris au retour de son sacre à Reims (17 octobre 1350).** Parmi les cérémonies royales, le sacre était la plus ancienne et la plus importante. Mais il n'avait pour témoins qu'un petit nombre de sujets. Aussi les rois firent-ils, à partir du XIVe siècle, officialiser la cérémonie des « entrées » solennelles dans un certain nombre de bonnes villes du royaume. Organisée par les habitants de la ville, la première entrée du roi était une fête somptueuse et l'occasion d'une sorte de dialogue entre le souverain et ses sujets. Miniature du XVe siècle. B. N.
Phot. Giraudon.

et les convoitises vont empoisonner la vie politique française et européenne pendant plus d'un quart de siècle. Plus que quiconque, en effet, il prétendait recouvrer les parts aliénées de son héritage et avoir des droits à la couronne de France. Par sa mère, il était petit-fils de Louis X le Hutin et contestait l'éviction des femmes prononcée en 1317. Par son père, il était arrière-petit-fils de Philippe III. Son ascendance, des deux côtés, remontait en ligne directe à Saint Louis, et il en tirait un grand prestige. De plus, depuis 1352, il était le gendre de Jean le Bon, dont il avait épousé la fille aînée, Jeanne. Enfin, le feu roi Philippe VI, peu de temps avant de mourir, avait épousé en secondes noces sa jeune sœur, Blanche de Navarre.

△ **Portrait de Jean le Bon (milieu du XIVe siècle).** Ce panneau de bois peint constitue le premier « portrait » français : le personnage est figuré en dehors de toute scène et les traits de son visage sont représentés avec un grand souci de réalisme. Musée du Louvre.
Phot. Lauros-Giraudon.

Arrestation du roi de Navarre à Rouen (1356). ▷ Complotant avec tout le monde, Charles le Mauvais chercha en vain à dresser le Dauphin contre son père. Jean le Bon le fit arrêter et jeter en prison. Miniature du XVe siècle. B. N.
Phot. B. N.

Ce n'est qu'au XVIe siècle que Charles, roi de Navarre, reçut le surnom de « le Mauvais ». Mais, déjà, au XIVe siècle, la plupart des chroniqueurs le décrivaient comme fourbe et brutal, dénué de tout scrupule et rempli de félonie. Arrogant et hypocrite, il était loin d'être inintelligent, et, contrairement à Jean le Bon, il savait dissimuler ses intentions et attendre son heure. En outre, il avait dans le royaume des partisans et des amis. Ses relations avec le roi ne furent qu'une suite de conflits et de moments de réconciliation, dont le rythme échappait à toute logique mais reflétait bien la situation difficile dans laquelle se

△ **Mise à mort de seigneurs normands de l'entourage de Charles le Mauvais (1356).** Charles le Mauvais était largement possessionné en Normandie (apanage du Dauphin), où il comptait une solide clientèle féodale. Il fut arrêté à Rouen le 5 avril 1356 et, le même jour, quatre de ses conseillers normands furent exécutés pour conspiration et trahison. Geste maladroit de la part de Jean le Bon, qui lui aliéna la plupart des grandes familles féodales de la province. Miniature du XIVe siècle. B. N.
Phot. B. N.

trouvait la monarchie des Valois au milieu du XIVe siècle. Le Trésor était vide, la monnaie ne cessait de se déprécier (en cinq ans, de 1350 à 1355, il y eut vingt-deux ordonnances de dévaluation qui affaiblirent de 70 p. 100 la valeur des espèces), les conseillers du roi étaient incompétents, les princes complotaient, l'Anglais se livrait à des coups de main, les villes s'agitaient et le peuple mourait de faim.

Charles de Navarre vouait une haine implacable à l'encontre du favori du roi, Charles d'Espagne, connétable de France. Le 8 janvier 1354, il réussit à le faire assassiner. Ayant fait amende honorable et s'étant plus ou moins réconcilié avec Jean le Bon, Charles se mit à comploter avec le roi d'Angleterre, puis chercha à dresser Charles, dauphin de Viennois, contre son père et à créer dans le royaume une atmosphère de guerre civile. Exaspéré, Jean le Bon réagit avec violence et vint lui-même à Rouen, où le roi de Navarre était l'invité de son fils. Il y procéda à l'arrestation immédiate de son adversaire, le 5 avril 1356, le jeta en prison et fit exécuter quatre de ses fidèles conseillers, dont Jean d'Harcourt. En agissant ainsi, le roi déchaîna contre lui toute une faction aris-

△ **Effigie funéraire du Prince Noir dans la cathédrale de Canterbury.** Fils aîné d'Édouard III, Édouard, prince de Galles et d'Aquitaine, plus connu sous le nom de « Prince Noir », fut de son vivant un véritable héros de légende, le meilleur chef de guerre de son temps et un seigneur fastueux, tenant à Bordeaux une cour brillante où étaient cultivées toutes les vertus de la chevalerie.
Phot. Woodmansterne Limited Watford.

tocratique favorable au roi de Navarre et à une réforme générale des affaires du royaume. Ce parti navarrais facilita la tâche du roi d'Angleterre, bien décidé depuis le recul de la peste à reprendre sur le continent des opérations militaires de grande envergure.

Le désastre de Poitiers. Ce qui fut fait à l'automne 1355. Édouard, prince de Galles, plus connu sous le nom de « Prince Noir » (en raison de la couleur du vêtement recouvrant son armure), partit de Bordeaux et ravagea tout le midi de la France, jusqu'aux abords de Carcassonne et de Narbonne. Il pilla de nombreuses villes et en ramena un précieux butin. L'année suivante, il dévasta avec le même acharnement le Limousin, l'Auvergne, le Berry et le Poitou. Jean le Bon rassembla alors à Chartres une armée considérable, peut-être quarante mille hommes, ayant à leur tête vingt-six ducs et comtes et la presque totalité des barons et des seigneurs du royaume, tous s'étant rendus au ban du souverain. Les Anglais s'étaient avancés jusqu'à Tours, mais l'armée royale parvint à se glisser plus au sud et à leur barrer la route de la retraite vers Bordeaux. La rencontre des deux armées eut lieu un peu au sud de Poitiers. La situation du Prince Noir était difficile : ses troupes, établies sur un petit plateau près de la ferme de Maupertuis, étaient très inférieures en nombre à celles du roi de France ; en outre, elles manquaient de vivres et de fourrage. Si Jean le Bon et ses hommes s'étaient contentés de les encercler, à bref délai elles auraient été contraintes de capituler. Aussi le Prince Noir refusa-t-il la bataille et s'offrit à rendre le butin qu'il avait amassé et à conclure une trêve de sept ans si on le laissait passer et regagner Bordeaux.

Le roi Jean refusa. Il tenait son adversaire à sa merci — du moins le croyait-il — et songeait déjà à la bataille et aux somptueux coups d'épée que lui et les siens allaient donner. Le 19 septembre 1356, il lança ses troupes sur les Anglais, qui tentaient désespérément de s'échapper en franchissant la petite rivière du Miosson. Mais, comme le terrain choisi par le Prince Noir était couvert de vignes et de haies où les chevaux n'auraient pas pu

◁**La bataille de Poitiers (1356).** Jean le Bon (c'est-à-dire le Brave) n'avait qu'une qualité : la bravoure. Elle fut insuffisante pour éviter le désastre de Poitiers, dont l'impétuosité et le manque de sens tactique du roi furent en grande partie responsables. Cette défaite était la plus lourde jamais subie par un roi de France. Miniature du XIVe siècle. B. N.
Phot. B. N./© Tallandier.

△**Jean le Bon fait prisonnier sur le champ de bataille de Poitiers (1356).** Depuis Saint Louis en Égypte, aucun roi de France n'avait été fait prisonnier devant l'ennemi. Miniature du XVe siècle. Musée Condé, Chantilly.
Phot. Giraudon.

charger, le roi Jean fit mettre pied à terre à ses chevaliers et leur ordonna de combattre comme des fantassins. Empêtrés dans leurs lourdes armures, harcelés de flèches par les archers anglais qui s'abritaient derrière les haies, ils ne purent jamais entamer les positions ennemies. Les Français subirent de très lourdes pertes et, à la fin de la journée, les derniers combattants et le roi furent même refoulés dans une boucle du Miosson : les Anglais les y cernèrent et la bataille s'acheva par une série de combats individuels. Jean se défendit vaillamment, avec à ses côtés son plus jeune fils, Philippe, un garçon de quatorze ans qui l'avertissait des coups dont il était menacé : « Père, gardez-vous à droite, père, gardez-vous à gauche ! » Mais, à la fin, entouré de tous côtés, blessé au visage, le roi dut se rendre à un chevalier au service d'Édouard III.

La défaite de Poitiers, due essentiellement à Jean le Bon, à son imprévoyance et à sa folle témérité, se terminait en désastre, un désastre bien plus grave encore que celui de Crécy, dix ans auparavant, puisque, cette fois, le roi de France avait été capturé et se trouvait prisonnier des Anglais. Il n'était du reste pas seul, le nombre des captifs français étant deux fois plus grand que celui des combattants anglais. Jean le Bon fut emmené à Bordeaux par le Prince Noir ; ils y passèrent l'hiver. Puis, au printemps suivant, ils embarquèrent pour l'Angleterre. Le roi fit son entrée à Londres le 25 mai 1357 et commença une captivité qui dura plus de

Les malheurs de la guerre. ▷ Villes pillées, habitants rançonnés, labours et cultures dévastés, bétail volé, paysans égorgés, les guerres franco-anglaises furent un fléau encore plus terrible que la peste noire. Miniature du xvᵉ siècle. Musée Condé, Chantilly. *Phot. Lauros-Giraudon.*

△ **Sac d'une ville par des hommes d'armes.** La guerre de Cent Ans fut surtout une guerre de siège. De nombreuses villes furent pillées à plusieurs reprises, quelques-unes jusqu'à six fois en un siècle. Miniature du xvᵉ siècle. Musée Condé, Chantilly. *Phot. Lauros-Giraudon.*

trois ans. Une captivité dorée puisqu'il fut traité avec tous les honneurs dus à son rang. Pendant ce temps, le royaume de France sombrait dans la misère, l'anarchie et la guerre civile.

La ruine du royaume. Le désastre de Poitiers fut suivi d'une crise extrêmement grave qui prit parfois des allures de révolution, notamment à Paris. À la fin de l'année 1356, la misère était générale. Toutes les catégories sociales avaient été touchées par la peste puis par la guerre, spécialement les paysans. L'agriculture était à l'abandon, les récoltes avaient été détruites, les villages incendiés ; partout régnait l'insécurité, et le banditisme se développait à très grande échelle. Marchands et marchandises ne pouvaient plus circuler.

De cette situation tragique certains essayèrent de profiter. Non pas tout de suite le roi de Navarre, Charles le Mauvais, qui se trouvait encore en prison, mais des personnages ambitieux, venus des rangs

de la bourgeoisie ou du clergé et qui, dans le désordre général, estimaient le moment venu d'imiter les bourgeois de Flandre et d'Angleterre et de faire place aux roturiers dans la vie politique du royaume. Pour ce faire, ils disposaient d'une institution que la monarchie elle-même avait créée au temps de Philippe le Bel : les assemblées des états du royaume, dont les souverains demandaient le concours dans les circonstances graves. Il parut à certains d'entre eux, le marchand drapier parisien Étienne Marcel et l'évêque de Laon Robert Le Coq, que l'occasion était favorable pour dresser ces états contre le gouvernement royal et pour demander des réformes.

Jean le Bon, follement prodigue pour ses plaisirs, ses tournois et son palais, avait dû, dès le début de son règne, recourir à toutes sortes d'expédients pour se procurer de l'argent. Le plus ordinaire consistait, comme au temps de Philippe le Bel, à modifier sans cesse la valeur de la monnaie. Mais cela ne suffisait pas. En 1355, au moment de la reprise de la guerre, le roi avait convoqué les états de langue d'oïl pour leur demander une aide — c'est-à-dire la levée d'un impôt extraordinaire — qui lui permettrait de réunir une armée. Les états avaient exigé que cette levée fût faite par le soin de leurs délégués, les « élus ». C'était un premier acte de méfiance. Celle-ci s'accrut après la déroute de Poitiers, et l'audace des états devint plus grande. Ils réclamèrent, dès la fin de 1356, que le dauphin Charles écartât de son entourage sept personnalités suspectes de malversations et qu'il créât un conseil de vingt-huit membres, choisis par eux. Comme le jeune prince avait congédié les états sans leur donner satisfaction, ces derniers le forcèrent, l'année suivante, au mois de mars, à promulguer une Grande Ordonnance qui promettait une réforme complète de l'administration. En outre, il était décidé qu'aucune aide ne pourrait être levée sans le consentement des états et l'intervention de leurs élus. Imitée de la Grande Charte anglaise de 1215, la Grande Ordonnance de 1357 visait à établir une sorte de monarchie constitutionnelle, les états exerçant un contrôle permanent sur les actes des souverains.

Le Dauphin chercha alors à différer l'application de cette Grande Ordonnance, afin

△ **Franc à cheval de Jean le Bon.** La rançon du suzerain prisonnier était un cas prévu par le droit féodal. Pour payer celle de Jean le Bon, on fit frapper, dès 1360, une pièce d'or le représentant à cheval. Cette monnaie destinée à le rendre « franc », c'est-à-dire libre, reçut ce même nom de *franc* : et, comme elle valait une livre en monnaie de compte, franc et livre finirent par devenir synonymes. B. N.
Phot. B. N.

de gagner du temps. L'agitation à Paris aboutit à une situation explosive.

Étienne Marcel. À la tête des factieux parisiens se trouvait le prévôt des marchands, Étienne Marcel, qui n'était nullement révolutionnaire. Issu d'une vieille famille de drapiers qui avait fourni à la capitale plusieurs échevins, cet homme énergique et ambitieux jouissait d'une grande popularité grâce à son éloquence. Aussi cherchait-il à grouper derrière lui tous les mécontents pour imposer au Dauphin la constitution d'un bon gouvernement où la bourgeoisie dominerait et dont la royauté devrait reconnaître les droits. Autour de lui se groupaient son frère Gilles, l'échevin Charles Toussac, l'archevêque de Rouen et chancelier de France Pierre de La Forêt, l'archevêque de Reims Jean de Craon et, surtout, l'évêque de Laon Robert Le Coq, président du parlement et ami du roi de Navarre. Ce dernier fut libéré par des amis de Robert Le Coq et put faire une entrée triomphale dans Paris. Le futur Charles V fut alors sommé de rendre raison et justice à Charles le Mauvais, qui avait été injustement emprisonné. La capitale et une bonne partie du royaume se trouvaient alors désormais au bord de la guerre civile.

La violence atteignit son comble au début de l'année 1358. Le matin du 22 février, Étienne Marcel, à la tête d'un groupe d'émeutiers, envahit le palais royal. Un des conseillers du Dauphin, le maréchal de Champagne Jean de Conflans, fut égorgé sous les yeux du jeune prince. Un autre, le maréchal de Normandie Robert de Clermont, fut pourchassé de salle en salle puis assassiné. Pour soustraire le Dauphin à la colère de la foule parisienne, Étienne Marcel le coiffa d'un chaperon aux couleurs de la ville et apparut ainsi comme le tuteur de la monarchie. Il était maître de la situation.

En fait, on connaissait mal le dauphin Charles, jeune homme pâle et maigre, à l'air doux et timide. Son attitude à Poitiers, où il s'était laissé rapidement entraîner loin du champ de bataille dès que la situation s'était détériorée, n'avait guère rehaussé son prestige. En réalité, derrière ces airs timorés, se cachaient un sens pratique, une patience et une ténacité qui allaient bientôt révéler en lui un homme politique particulièrement avisé. Après avoir, en 1357, fait semblant de céder pour gagner du temps, il découvrit son jeu l'année suivante, au moment même où Étienne Marcel et les états semblaient tout-puissants.

Le 14 mars, il prit officiellement le titre de « régent du royaume » en accord et non contre le volonté du prévôt des marchands et de Charles le Mauvais. Avec leur consentement, il quitta ensuite Paris et se rendit à Senlis où il avait convoqué, pour le 25 mars, une assemblée de noblesse qui lui accorda son soutien. Modifiant alors sa politique, il s'empara de Montereau et de Meaux, les deux marchés où les Parisiens se ravitaillaient, les menaçant de famine. Surtout, contre leur volonté, il convoqua à Compiègne, du 4 au 14 mai, une assemblée des trois ordres. C'était la rupture. En quelques semaines, Étienne Marcel était devenu un rebelle, réduit à se défendre.

Sa situation fut encore aggravée par l'alliance maladroite qu'il contracta avec les paysans du nord de l'Île-de-France et du Beauvaisis, soulevés en masse à la fin du mois de mai 1358. Ce fut la Grande Jacquerie du printemps. Exaspérés par leurs souffrances, accusant les nobles de tous les malheurs d'un royaume qu'ils n'avaient pas su défendre, les paysans s'attaquèrent aux châteaux, pillant, incendiant et massacrant à tour de bras. Mais,

◁ **Le meurtre des maréchaux.** La journée du 22 février 1358 fut le premier épisode véritablement révolutionnaire que connut la capitale : le prévôt des marchands Étienne Marcel et une populace surexcitée pénétrèrent dans l'hôtel du Dauphin, où, sous les yeux de celui-ci, ils massacrèrent deux de ses conseillers — les maréchaux de Champagne et de Normandie — puis le forcèrent à coiffer un chaperon mi-parti aux couleurs de Paris : le rouge et le bleu. Épisode qui, tout anachronisme mis à part, annonçait certaines journées sanglantes de la Révolution de 1789. Miniature du XIVe siècle. B. N.
Phot. B. N.

◁ **Attaque de Meaux par les Jacques et les Parisiens.** La campagne resta longtemps le principal terrain des tensions sociales. Les phénomènes de jacqueries — on appelait les vilains des « Jacques » — y furent toujours nombreux. Celui de 1358 eut toutefois une violence et une soudaineté inhabituelles. Dirigée contre les seigneurs qui avaient été incapables de défendre le royaume contre l'ennemi étranger, la Grande Jacquerie fut aussi une terrible manifestation de désespoir devant les misères de la guerre. Miniature du XIVe siècle.
Phot. Arch. Snark/Cl. B. N. - Édimedia.

dès le mois de juin, ils ne tardèrent pas à être combattus puis décimés par une armée de seigneurs qui, après les premières surprises, organisèrent la résistance. Les Jacques furent taillés en pièces près de Meaux, et les survivants furent exécutés, brûlés vifs ou pendus. Étienne Marcel, qui leur avait envoyé des secours, se trouva compromis dans leur défaite ; et les excès qu'ils avaient commis rejaillirent sur lui.

Désormais sa cause semblait perdue. À la fin de juin, l'armée du Dauphin vint camper aux portes de Paris, resserrant le blocus. En vain Étienne Marcel essaya-t-il de faire appel aux Anglais qui, à la faveur de la guerre civile, s'étaient eux aussi rapprochés de la capitale : une petite troupe d'ennemis et de soldats de Charles le Mauvais fut introduite dans la ville. C'était dépasser la mesure. La population se souleva contre le prévôt et les siens. Elle chassa les étrangers et le roi de Navarre. Enfin, le 31 juillet, comme Étienne Marcel était soupçonné de vouloir faire rentrer celui-ci dans la capitale — peut-être pour le proclamer roi de France —, il fut assassiné à l'instigation d'un bourgeois nommé Jean Maillart, gagné à la cause du Dauphin.

Les traités de Brétigny et de Calais. Les partisans d'Étienne Marcel ne purent continuer la lutte. Dès le 2 août, le dauphin Charles entrait dans la capitale et supprimait toutes les mesures de réforme et de contrôle de la monarchie prises depuis deux ans. L'effort des états pour modifier le gouvernement et se faire associer au pouvoir avait totalement échoué. Charles le Mauvais lui-même fit la paix en 1359.

Entre-temps, la guerre avec l'Angleterre avait repris, le Dauphin et son entourage ayant refusé de ratifier un traité conclu à Londres entre Jean le Bon et Édouard III, sans l'accord d'aucun prince français,

△ **Le massacre des Jacques à Meaux.** À peine maîtres de la ville, les Jacques en furent expulsés et massacrés par une armée de chevaliers revenant de Prusse et commandés par le comte de Foix et le captal de Buch. La ville fut pillée pour la seconde fois en deux jours (10 juin 1358). Miniature du xvᵉ siècle. B. N.
Phot. B. N.

Le meurtre d'Étienne Marcel (31 juillet 1358). ▷ Conduite par Jean Maillart et Pépin des Essarts, agents royalistes infiltrés dans la capitale, la foule mit à mort le prévôt des marchands à la bastille Saint-Antoine. Miniature du xvᵉ siècle. B. N.
Phot. B. N.

traité par lequel le premier abandonnait au second toute la France de l'Ouest. Mais, partout, les troupes anglaises se heurtaient aux populations, exaspérées par leurs ravages et réveillées par une sorte de sursaut national. Ainsi, près de Compiègne, une armée de paysans, comptant en son sein le légendaire Grand Ferré, géant d'une vigueur peu commune, réussit à vaincre la garnison ennemie de Creil.

Ces résistances eurent pour effet de convaincre Édouard III de l'impossibilité de se faire reconnaître roi de France par l'ensemble du pays ; elles le conduisirent à rechercher la paix, mais une paix qui tiendrait compte de sa victoire. Des pourparlers ouverts aux environs de Chartres aboutirent à la paix de Brétigny, le 8 mai 1360. Le traité définitif fut ratifié à Calais, après bien des discussions, le 24 octobre suivant. Le roi de France renonçait à toute souveraineté sur la Guyenne, la Gascogne, la Saintonge, l'Angoumois, le Périgord, le Quercy, le Rouergue, l'Agenais, le Poitou et le Limousin. Il abandonnait également le Ponthieu et Calais. C'était un véritable dépècement du royaume. Le roi d'Angleterre, en échange, renonçait à la couronne de France et acceptait de libérer Jean le Bon contre une énorme rançon de trois millions d'écus.

L'armée anglaise commença son repli. Les deux rois se séparèrent à Calais. Et, le 13 décembre 1360, Jean le Bon fit son entrée à Paris. Il y fut acclamé comme un héros victorieux.

△**Revers du grand sceau d'Édouard III (1360).** Roi pendant cinquante ans (1327-1377), Édouard III fut un monarque intelligent et autoritaire, doté d'un sens politique exceptionnel. Il fut le plus grand roi de l'Angleterre médiévale. Son règne vit une grande anglicisation du royaume et du gouvernement. En 1349, l'anglais fut substitué à l'anglo-normand dans la rédaction des actes publics. Archives nationales, Paris.
Phot. L. L.

Page suivante :
L'ordre de l'Étoile, premier ordre monarchique français, fut fondé par Jean le Bon en 1351, à l'imitation de l'ordre de la Jarretière créé huit ans plus tôt par Édouard III. Mais, contrairement à l'ordre anglais, celui de l'Étoile fut éphémère et sa courte histoire demeure très mal connue. Miniature du XIVe siècle. B. N.
Phot. B. N.

1360-1380 L'œuvre de Charles V

Le traité de Calais, ratifié par Édouard III et Jean le Bon le 24 octobre 1360, semblait mettre fin à la guerre pour une longue période. En fait, la paix ne dura que neuf ans, au cours desquels incidents et tensions de toutes sortes furent nombreux entre Anglais et Français. Chez ces derniers, le désir de revanche restait très fort, même s'il paraissait impossible à réaliser. Dans l'immédiat, il fallait remettre de l'ordre dans le royaume et exécuter les clauses du traité.

Le paiement de la rançon du roi rencontra de sérieuses difficultés : non seulement la France était amputée d'une partie de son territoire, mais elle avait été très appauvrie par les ravages de la guerre et, surtout, elle était désormais soumise aux razzias incessantes des « routiers », mercenaires levés par les deux camps au moment de la guerre et qui, la paix venue, n'avaient pas quitté le royaume. Organisés en compagnies, renforcés de paysans, d'artisans et même de nobles ruinés, ces routiers mettaient le pays au pillage et rançonnaient les habitants. La France ne parvint que très difficilement à s'en débarrasser.

Pour payer sa rançon, Jean le Bon leva de nouvelles contributions. La plus importante n'avait pas besoin du consentement des états puisque la libération du souverain prisonnier était un cas prévu par la coutume féodale. Celle-ci prévoyait la levée d'une aide spéciale, qui, dans le cas présent, prit la forme d'une taxe sur toutes les transactions de marchandises à l'intérieur du royaume. Cependant, la lutte contre les compagnies de routiers, la nécessité de reconstruire les villes et les forteresses, et surtout les nouvelles et extravagantes prodigalités du roi — ainsi que les préparatifs d'une nouvelle croisade, à laquelle Jean le Bon songea sérieusement pendant les trois dernières années de sa vie — absorbèrent une partie des sommes recueillies. À sa mort, en avril 1364, à peine un tiers de l'énorme rançon avait été versé.

Les clauses territoriales du traité de Calais furent mieux exécutées, mais avec un certain retard et beaucoup de mauvaise volonté. De plus, en certaines régions (Aunis, Rouergue, Quercy, Bigorre), de nombreux habitants de villes ou de seigneuries devant passer sous la suzeraineté du roi d'Angleterre protestèrent ou se révoltèrent. Non pas tant par loyalisme monarchique ou par sentiment nationaliste, mais plutôt par peur d'une situation nouvelle et des conséquences, fiscales et juridiques, qu'elle entraînerait nécessairement. Prenant prétexte de ces retards — dont l'administration anglaise était elle aussi en partie responsable —, Édouard III décida de remettre à plus tard sa renonciation définitive à la couronne de France. Ainsi, malgré la paix, la cause principale de la guerre demeurait.

◁ **Funérailles de Jean le Bon et arrivée de Charles V à Reims pour son sacre.** Le roi Jean mourut à Londres le 8 avril 1364. Il y était retourné trois mois plus tôt et avait passé l'hiver fort gaiement à l'hôtel de Savoie, non loin du palais de Westminster. Son corps fut ramené en France et inhumé à Saint-Denis le 7 mai. Le sacre de Charles V eut lieu à Reims le 19 mai, trois jours seulement après la victoire de Du Guesclin à Cocherel. Miniature du xve siècle. Chantilly.
Phot. Giraudon.

◁ **Charles V.** Il fut le premier roi de France dont nous ayons conservé de nombreux portraits, peints et sculptés, représentant avec réalisme les traits de son visage, et notamment son long nez. Statue réalisée vers 1370-1380 (le sceptre et la maquette d'église ont été ajoutés au XIXe siècle). Louvre.
Phot. Lauros-Giraudon.

Le redressement de la France

Jean le Bon avait fait sa rentrée à Paris le 13 décembre 1360. Malgré la lourdeur des contributions qu'il leva dès lors sur ses sujets, il ne put faire face aux échéances de sa rançon. La remise en ordre civile et militaire du royaume, la liquidation des dettes qu'il avait contractées en Angle-

terre, le coût élevé des dépenses de la Cour l'en empêchèrent. Il y avait là manquement à la parole donnée à Édouard III. Qui plus est, les trois états réunis à Amiens en octobre 1363 refusèrent de ratifier, comme l'avait exigé ce dernier, le désastreux traité des otages conclu à Londres en novembre 1362 par les enfants royaux pressés d'obtenir leur libération. Et l'un d'eux, Louis d'Anjou, second fils du roi de France, en pèlerinage à Boulogne, avait refusé de regagner Calais, préférant la compagnie de sa jeune épouse au respect de ses engagements politiques. « Vous avez moult blêmi l'honneur de votre lignage », déclara le Plantagenêt. Jean

La reine Jeanne de Bourbon. Elle était la fille du duc Pierre Ier de Bourbon et, comme Charles V, elle descendait de Saint Louis. Leur mariage avait été célébré en 1350, quelques jours avant la mort du roi Philippe VI. Jeanne donna à Charles V neuf enfants, dont six moururent en bas âge. Elle-même mourut en couches en 1377, et cette disparition assombrit les trois dernières années du règne. Détail du *Parement de Narbonne* (dessin en grisaille sur soie), vers 1375. Musée du Louvre. ▷
Phot. Lauros-Giraudon.

◁ **Sacre de Charles V :** l'onction sur la poitrine et l'acclamation des pairs. Le nouveau souverain avait vingt-six ans, mais les événements l'avaient depuis longtemps préparé à son métier de roi et il avait, malgré sa jeunesse, acquis une solide expérience. Miniature du XIVe siècle.
Phot. Explorer Archives.

◁ **Entrée de Charles V à Paris.** Elle eut lieu le 28 mai 1364, quelques jours après le sacre de Reims. Lorsqu'il n'était que dauphin, Charles eut souvent des rapports difficiles avec Paris, notamment lors des événements « révolutionnaires » de 1358. Devenu roi, il oublia les injures passées et fut dans la capitale un grand bâtisseur : il fit ainsi agrandir et embellir le Louvre, construire l'hôtel de Saint-Paul et la forteresse de la Bastille et terminer la nouvelle enceinte commencée par Étienne Marcel. Le Paris de Charles V avait belle allure, même s'il était loin d'être la ville la plus grande ou la plus riche d'Occident. Miniature du milieu du xve siècle. B. N.
Phot. Giraudon.

ne supporta pas l'outrage. Chevaleresque jusqu'au bout, il revint à Londres se constituer prisonnier à la place de l'otage de marque défaillant, en janvier 1364. Il y mourut le 8 avril.

Sa dépouille fut ramenée en France et il fut enterré à l'abbaye de Saint-Denis, pleuré de ses sujets (jusqu'à sa mort son comportement héroïque à Poitiers et sa captivité lui conservèrent une popularité considérable), mais laissant le souvenir d'un roi malheureux.

Charles V. Le dauphin Charles, qui au départ de son père avait repris son ancien titre de « régent du royaume », lui succéda. Il avait alors vingt-six ans et depuis longtemps fait preuve de ses qualités d'homme et de chef. Le roi fut à l'image du dauphin et du régent, et son règne fut un grand règne, celui du redressement de la France. Au physique, Charles V — le premier roi de France dont nous ayons conservé de nombreux portraits « réalistes » — était très différent de son père et de son grand-père. Chétif et de santé fragile, il fut, depuis son adolescence jusqu'à sa mort, un homme souffreteux, à qui des abcès aux bras et une enflure permanente des doigts interdisaient de tenir une épée ou de combattre à cheval. Condamné à une vie sédentaire, dont la nécessité lui donna le goût, il ne fut en rien un roi-chevalier et ne parut jamais à la tête d'une armée. Le contraste avec Philippe VI et Jean le Bon fut total.

Hautement conscient de son rôle, Charles V réunissait en lui toutes les qualités d'un grand souverain : tout d'abord le souci de la justice et de la mesure, comme chez Saint Louis, son ancêtre, qu'il s'était donné pour modèle ; ensuite une grande prudence, que les heures graves de sa jeunesse avaient précocement mûrie, et un sang-froid à toute épreuve qui, au grand étonnement de son entourage, lui faisait envisager les pires dangers avec un calme parfait ; enfin une habileté entreprenante, qui ne dédaignait ni l'intrigue ni la ruse. Cet homme pieux et scrupuleux se révéla en maintes occasions un juriste subtil et procédurier, donnant à ses adversaires une impression de comportement retors et dissimulé. Aux dires de Froissart, ils le qualifiaient d'« avocat », ce qui dans leur bouche n'était pas un compliment.

Charles V fut aussi un roi cultivé, ami des lettres et des arts. Il les mit au service de sa fonction royale, se faisant traduire *Politique* d'Aristote et *la Cité de Dieu* de saint Augustin, et recherchant les discussions avec les théoriciens du droit et de l'autorité monarchique. De même, son sens de la majesté royale lui fit juger nécessaires les dépenses de luxe. Plus porté sur les constructions et sur les collections de livres et d'objets précieux que sur les fêtes, il montra néanmoins le même goût du faste que ses prédécesseurs. Sa cour était celle d'un Valois, mais d'un Valois savant, ce qui était nouveau. Il réunit ainsi, au palais du Louvre, plus de neuf cents manuscrits précieux, intéressant tous les sujets, tant religieux que profanes, qui formèrent sa *librairie* et consti-

◁ **Charles V,** Jeanne de Bourbon et quatre de leurs enfants. Charles V fut un roi casanier, aimant vivre dans une tranquillité sereine et majestueuse, au Louvre ou dans l'un de ses châteaux des environs de Paris (Vincennes, Saint-Ouen, Saint-Germain, Montargis). En seize ans de règne, il voyagea fort peu, n'allant jamais plus loin que Rouen, Orléans et Reims. Son emploi du temps laissait une place pour la vie familiale, qu'il recherchait bien qu'il fût totalement imbu de sa dignité de roi. Miniature du XIVe siècle. B. N.
Phot. B.N.

△ **Franc à pied de Charles V.** Le roi fut très attentif aux problèmes monétaires. Il renonça aux multiples mutations auxquelles il s'était livré quand il était dauphin, puis il s'efforça de rétablir une monnaie saine et de faire baisser l'inflation. Il y parvint progressivement. B. N.
Phot. Larousse.

tuèrent le premier fonds de la bibliothèque des rois de France. La plupart de ces livres manuscrits ont été conservés et se trouvent aujourd'hui à la Bibliothèque nationale.

L'entourage du roi. Ce roi, auquel les contemporains donnèrent le surnom de « le Sage » (c'est-à-dire tout ensemble « le savant » et « l'avisé »), sut bien se faire servir. Contrairement à ses deux prédécesseurs, il s'entoura de collaborateurs compétents et dévoués, recrutés de préférence parmi les petits nobles, les bourgeois et les clercs. Ainsi les chanceliers successifs Jean et Guillaume de Dormans, puis Pierre d'Orgemont ; ainsi le trésorier Philippe de Savoisy et l'énergique prévôt de Paris Hugues Aubriot, qui, avant d'exercer cette charge, avait montré toutes ses qualités dans le baillage de Dijon en luttant contre les routiers. Parmi tous ces personnages, de naissance relativement modeste, une exception : le chambellan et ami du roi Bureau de La Rivière, issu d'une très noble famille nivernaise et qui fut son conseiller le plus intime, surtout dans les dernières années du règne où il n'y eut point de grandes affaires politiques auxquelles le chambellan ne fût mêlé.

Les frères de Charles V, Louis d'Anjou, Jean de Berry et Philippe de Bourgogne, que leur père avait dotés d'apanages importants, ne jouèrent pas de rôle dans le gouvernement du royaume, mais assurèrent dans les provinces des commandements militaires et des fonctions de représentation. Le roi se montra souvent bienveillant ou indulgent à leur égard.

△ **Le prévôt royal de Paris Hugues Aubriot.** Conseiller très écouté du roi, il assura la sécurité dans la capitale, où il fit bâtir ou rebâtir un grand nombre de murailles, de ponts et d'édifices. Miniature du XVe siècle. B. N.
Phot. B. N.

△ **Sceau de la sainte-chapelle de Vincennes.** Certains sceaux de la fin du Moyen Âge représentent les monuments avec un grand souci de réalisme et constituent pour l'archéologue un précieux témoignage historique. C'est le cas de ce sceau, dont la matrice fut gravée vers 1380 et qui nous montre le donjon et la chapelle de Vincennes presque tels qu'ils sont encore aujourd'hui. En revanche, deux arbres, l'un à gauche, l'autre à droite, suffisent pour figurer symboliquement le bois. Archives nationales, Paris.
Phot. L. L.

Le Louvre au début du XVe siècle. ▷ Charles V fit transformer et réparer la vieille forteresse du Louvre, mais il lui conserva son allure de citadelle, avec ses enceintes, ses remparts, son arsenal et ses réserves d'armes. En revanche, sur les bords de la Marne, à Beauté, il fit construire une gracieuse demeure où il aima à venir se reposer. Miniature des *Très Riches Heures* du duc de Berry. Musée Condé, Chantilly.
Phot. Telarci-Giraudon.

Charles V n'admettait pas de partager son autorité avec quiconque, mais il estimait que le roi devait prendre conseil pour gouverner avec sagesse et modération et respecter ainsi les engagements qu'il avait pris le jour de son sacre vis-à-vis de ses sujets. Et, de fait, il prit souvent conseil d'un petit groupe de théoriciens de la chose publique et des principes de gouvernement, qu'il avait, en roi philosophe, réunis autour

△ **Une page d'un manuscrit de *la Cité de Dieu*.** Charles V fut un ami des lettres et un homme curieux de toutes les choses de l'esprit. Désireux de mettre la science à la portée d'un plus grand nombre de lecteurs, il fit faire par plusieurs clercs de son entourage différentes traductions d'œuvres qu'il jugeait importantes. C'est ainsi que, « pour le profit du royaume », il commanda à son conseiller Raoul de Presles une traduction de *la Cité de Dieu* de saint Augustin. Raoul y travailla de 1371 à 1375. Miniature de la fin du XVe siècle.
Phot. Archives Snark/CI-B. N.-Edimedia.

Charles V recevant un exemplaire d'une « Bible historiale » offerte par son conseiller Jean de Vaudetar (1372). Protecteur des lettres et des arts, comme la plupart des princes de sa famille, Charles V réunit au Louvre, dans la tour de la Fauconnerie, une « librairie » de plus de neuf cents livres manuscrits, dont deux inventaires ▷ nous ont été conservés. Cet ensemble, considérable pour l'époque, constitua le premier fonds de la bibliothèque des rois de France et donc de notre actuelle Bibliothèque nationale. Miniature du XIVe siècle, musée Meerman Vestrarium, La Haye.
Phot. du musée.

△**Jean Bureau de La Rivière,** chambellan, ami et conseiller intime de Charles V. Homme doux et patient, habile et compétent, il fut pour le roi tout à la fois une sorte de Premier ministre et de ministre des Affaires étrangères. Charles V le combla de faveurs. Exclu du gouvernement en 1380 par les oncles du jeune Charles VI, il revint aux affaires de 1389 à 1392. Statue de la fin du XIVe siècle. Cathédrale d'Amiens.
Phot. A. G.

de lui. Au sein de ce groupe, l'esprit le plus éclairé et le plus influent était le chapelain du roi, Nicole Oresme, savant de grande envergure, traducteur d'Aristote et inspirateur d'une large part de la politique royale. Avec lui il faut citer le maître des requêtes de l'Hôtel, Raoul de Presles, érudit réputé, à qui Charles V commanda une traduction de *la Cité de Dieu* et une autre de la Bible, ainsi que le précepteur du jeune dauphin, Philippe de Mézières, petit chevalier picard qui avait longtemps séjourné en Orient et qui souhaitait réveiller en Occident l'esprit de croisade. Charles V recherchait leur compagnie et aimait s'entretenir avec eux de questions philosophiques et juridiques. Parmi tous les rois de la France médiévale, il fut celui qui chercha le plus fortement à conduire son gouvernement et à appuyer sa politique sur des principes théoriques, au reste pour l'essentiel inspirés d'Aristote.

Bertrand du Guesclin. Les collaborateurs militaires de Charles V furent également choisis hors des milieux princiers : les chefs de guerre Louis de Sancerre et

Raoul de Presles offrant à Charles V un exemplaire de sa traduction de *la Cité de Dieu* (1375). Le roi fut si content de cette traduction qu'il commanda à son ami et conseiller une traduction française de la Bible. Raoul se mit aussitôt au travail mais succomba à la tâche en 1382, alors qu'il était arrivé au livre des Psaumes. Miniature du XVe siècle. Bibliothèque Sainte-Geneviève. *Phot. Giraudon.* ▷

△ **Nicole Oresme compilant son *Traité de la sphère.*** Philosophe et savant, il fut auprès de Charles V, qui le fit évêque de Lisieux, le grand théoricien de l'État et du gouvernement monarchique. Miniature du XVe siècle. B. N. *Phot. B. N.*

Super omnes augustinus.

Olivier de Clisson, l'amiral Jean de Vienne, qui redonna à la France une marine de guerre, et surtout le connétable Bertrand du Guesclin. Né en Bretagne dans une famille de petite noblesse chargée d'enfants, celui-ci se fit remarquer dès son jeune âge par son caractère batailleur et son étonnante laideur. Dans la guerre de la Succession de Bretagne, il prit de bonne heure le parti de Charles de Blois, puis passa au service du roi de France. Le dauphin Charles l'employa comme chef de bande dans les campagnes autour de Paris en 1358 et 1359 et eut alors l'occasion d'apprécier sa bravoure et son habileté

◁ **Bertrand du Guesclin élevé à la dignité de connétable (1370).** Une large partie de la haute noblesse était hostile à cette décision, qui fut plusieurs fois reportée et que Charles V imposa à son entourage. Miniature du XVe siècle. Bibliothèque Sainte-Geneviève.
Phot. Giraudon.

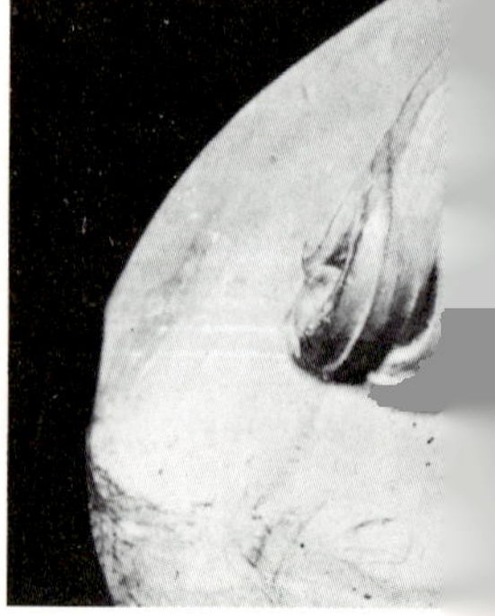

stratégique. Devenu roi, Charles V l'attacha directement à sa personne et trouva en lui un collaborateur militaire en qui il put avoir toute confiance. Dans l'Occident du XIVe siècle, cela n'était pas si fréquent. En 1370, il le fit connétable et le soutint obstinément contre les courtisans et le parti des princes qui n'aimaient guère la rude franchise et le caractère buté et violent du chef de guerre breton.

Du Guesclin était en effet têtu et querelleur, vaniteux et susceptible, coléreux et grossier. Ses reparties étaient cinglantes et ses inimitiés tenaces ; mais personne ne le surpassait en bravoure ni en agilité. Sur le terrain, il payait toujours de sa personne et ménageait le plus possible la vie de ses soldats, qui l'adoraient et le suivaient partout. Sa conception de la guerre rejoignait celle du roi : il ne s'agissait pas de frapper de beaux coups d'épée ni d'accomplir des exploits chevaleresques, mais de harceler et d'épuiser l'adversaire par des coups de main et des combats de petits groupes. On évitait désormais les grandes batailles rangées, qui avaient été si funestes aux armées des rois de France. Une partie des troupes occupaient solidement les châteaux et les places fortes ; le reste faisait le vide devant l'ennemi, brûlant les approvisionnements pour l'empêcher de se ravitailler et l'usant en escarmouches au

△ **Sceau armorié de Bertrand du Guesclin (1365).** Aîné d'une famille bretonne de petite noblesse, « Messire Bertrand » était un homme au physique ingrat et au caractère difficile. Audacieux chef de bande, spécialisé dans les coups de main, il fut moins habile dans les grandes batailles rangées et dans la guerre de siège. Il fut souvent vaincu et plusieurs fois fait prisonnier (par deux fois Charles V dut payer sa rançon). Comme souvent, le héros fut plus grand dans la légende que dans la réalité. Archives nationales, Paris.
Phot. L. L.

◁ **Tête de la statue funéraire de l'amiral Jean de Vienne.** Charles V attacha une grande importance à la restauration de la marine de guerre. Il confia cette tâche à un « amiral de la mer » et, en 1373, nomma à cette charge un homme de grande valeur : Jean de Vienne (1341-1396). Celui-ci réussit à reconstituer la flotte royale en moins de quatre ans dans le Clos de galées, à Rouen ; et, lors des dernières années du règne, la flotte française put menacer à plusieurs reprises la côte anglaise de la Manche.
Phot. A. G.

cours desquelles du Guesclin avait souvent recours à la ruse. C'est ainsi qu'il s'empara un jour d'une forteresse en y faisant pénétrer une partie de ses soldats déguisés en bûcherons, et qu'une autre fois, en Normandie, pour amener l'ennemi à évacuer une forte position qu'il eût été impossible d'enlever de haute lutte, il fit semblant de battre en retraite et attira ainsi l'ennemi dans la plaine où il le vainquit.

Du Guesclin n'était pas un chevalier courtois. Avant tout, il recherchait le succès, recourant pour l'obtenir à tous les moyens : embuscades, trahisons, marches et combats nocturnes, mouvements tournants des troupes. Il étudiait le terrain, gagnait les paysans, les utilisait pour donner de fausses informations à ses adversaires ; ses troupes, composées de routiers et d'aventuriers, n'étaient guère disciplinées, mais il parvenait à les entraîner dans les entreprises les plus audacieuses. Avec lui la guerre cessa d'être un art issu de la chevalerie.

Les affaires navarraises et le problème breton. Le grand projet de Charles V, devenu roi, était de prendre la revanche des traités de Brétigny et de Calais et d'enlever aux Anglais les provinces perdues. Mais, pour avoir les mains libres contre l'ennemi du dehors, il fallait commencer par se débarrasser des dangers de l'intérieur. Les premières années du règne furent donc consacrées à lutter contre le roi de Navarre, à régler le problème breton, puis à délivrer la France des compagnies de routiers.

Dès avant la mort de Jean le Bon, Charles le Mauvais avait recommencé d'intriguer contre l'autorité royale et de réunir des bandes de soldats désoccupés dans les fiefs qu'il possédait aux environs de Paris : comté d'Évreux et forteresse de Mantes. Cette attitude menaçait la sécurité de la capitale, d'autant que les soldats au service du roi de Navarre étaient commandés par un chef de guerre redoutable, le Gascon Jean de Grailly, captal de Buch. Dès le mois d'avril 1364, Charles V envoya du Guesclin occuper Meulan, puis attaquer les troupes de Charles le Mauvais sur les bords de l'Eure. La bataille décisive eut lieu à Cocherel, le 16 mai 1364, trois jours avant le sacre du roi. Elle fut rude, mais du Guesclin, à la tête d'une armée franco-bretonne, finit par emporter la victoire, après avoir usé d'une ruse dont il était coutumier : la simulation de la fuite et l'embuscade. Le captal de Buch, malgré sa

△**Charles V recevant un messager de l'empereur Charles IV.** Les souverains entretenaient auprès d'eux tout un personnel de messagers et de coursiers : hérauts, sergents, chevaucheurs, huissiers, etc., attachés en permanence à leur suite et recevant, lorsqu'ils partaient en mission, des indemnités de monture, de vêtements et de chaussures. Parmi ces personnages, les plus importants étaient les hérauts d'armes, experts en étiquette, protocole et héraldique. Miniature du XIVe siècle. B. N.
Phot. B. N.

La litière de l'empereur Charles IV. Les princes et les souverains se déplaçaient continuellement (Charles V, roi sédentaire et casanier, était une exception), plus par nécessité de gouvernement que par goût véritable. Le règne d'un roi n'était en général qu'un long itinéraire à travers ses domaines, à travers les fiefs de ses vassaux, à travers les royaumes voisins, avec parfois des excursions au-delà des frontières de la chrétienté. Miniature du XVe siècle.
▽*Phot. B. N.*

bravoure, fut fait prisonnier. Les troupes royales, au reste peu nombreuses, furent toutefois dans l'incapacité d'exploiter pleinement la victoire, et la guerre contre le roi de Navarre traîna en longueur. Finalement, le roi de France et le roi de Navarre firent la paix en mars 1365 et conclurent le traité de Pampelune : Charles le Mauvais cédait les comtés de Mantes, de Meulan et de Longueville — Paris n'était donc plus menacé —, mais conservait le comté d'Évreux ainsi que ses possessions du Cotentin, et recevait la coseigneurie de Montpellier. Son prestige était ébranlé, mais il n'avait pas dit son dernier mot. Le danger navarrais n'était que momentanément écarté.

En Bretagne, Charles V fut moins heureux. La guerre commencée en 1341 pour régler le problème de la succession du duc Jean III s'éternisait, malgré la mort de Jean de Montfort. Son compétiteur, Charles de Blois, un moment prisonnier des Anglais, avait été libéré en 1356 et continuait la lutte. Il était toujours le candidat déclaré du roi de France, tandis qu'Édouard III soutenait le fils de Jean de Montfort, prénommé lui aussi Jean, dont il était le tuteur. Au cours de l'été 1364, le jeune Jean de Montfort, aidé de capitaines anglais, vint assiéger Auray, place forte d'une grande importance qui commandait une grande partie de la Bretagne méridionale. Charles de Blois et du Guesclin accoururent pour sauver la place. Leur défaite fut cuisante. Charles de Blois fut tué avec bon nombre de ses chevaliers, et du Guesclin fut fait prisonnier. Charles V dut reconnaître les droits de la maison de Montfort sur le duché. Par le traité de Guérande, conclu le 12 avril 1365, Jean de Montfort fut investi du duché de Bretagne, tandis que Jeanne de Penthièvre, veuve de Charles de Blois, n'obtint que la cession du comté de Penthièvre et l'usufruit de la vicomté de Limoges.

La Normandie pacifiée, la guerre de Bretagne terminée, Charles V pouvait enfin s'attaquer au problème posé par les compagnies de routiers, qui, depuis près de dix ans, sévissaient dans tout le royaume.

◁**Banquet donné par Charles V en l'honneur de son oncle,** l'empereur Charles IV (1378). Tout en mangeant et devisant, les convives assistent à un intermède représentant la prise de Jérusalem par les croisés de Godefroi de Bouillon en 1099. Miniature du XVe siècle.
Phot. B. N.

△**Entrée de Charles V et de Charles IV à Paris (janvier 1378).** Les deux souverains sont suivis du fils de Charles IV, Wenceslas, qui lui succédera sur le trône impérial quelques mois plus tard. Miniature du XIVe siècle. B. N.
Phot. B. N.

Les Grandes Compagnies. Depuis la défaite de Poitiers et la paix de Brétigny, la plupart des mercenaires levés par les Anglais et les Français pour faire la guerre avaient cessé d'être payés. Au lieu de quitter le royaume et d'aller ailleurs proposer leurs services, ils s'étaient organisés en bandes armées, les Grandes Compagnies, qui profitaient de leur nombre et de leur force pour mettre le pays en coupe réglée. Commandés par des aventuriers de toutes espèces et de toutes origines, ils s'établissaient dans quelque lieu sûr, d'où ils rayonnaient dans les contrées d'alentour et où ils venaient entasser les produits de leurs pillages. Pour leur échapper, les villes n'avaient d'autre solution que de s'entendre avec eux et de leur verser de grosses sommes d'argent. Les campagnes, en revanche, restaient totalement à leur merci. La France n'avait, du reste, pas le monopole de ces routiers pilleurs et rançonneurs. Sous des formes diverses, le banditisme sévissait alors partout en Europe occidentale, spécialement en Italie et dans les États pontificaux, ce qui n'incitait pas les papes à revenir à Rome.

En France, plusieurs tentatives faites en 1362 et en 1363 pour combattre les routiers avaient échoué. Ils étaient plus forts et plus nombreux que les soldats du roi. Le gouvernement ne semblait avoir aucun moyen de les mettre hors d'état de nuire. Pour ces soudards, les excommunications fulminées par les papes ou les mises hors la loi décrétées par les autorités civiles n'avaient évidemment aucune valeur. Charles V pensa donc que le seul moyen de s'en débarrasser était de s'arranger avec eux pour les entraîner vers quelque entreprise lointaine, prometteuse de riches butins. Un projet d'expédition vers la Hongrie pour lutter contre les Turcs échoua en 1365. Concentrées dans l'est du royaume, les bandes de routiers ne dépassèrent pas l'Alsace et furent refoulées vers la Bourgogne par les troupes impériales. L'année suivante, Charles V chargea du Guesclin de négocier avec leurs différents chefs et de les conduire en Espagne. Le prétexte était la lutte contre les musulmans. En 1366, plus de 30 000 routiers franchirent les Pyrénées.

Ils arrivèrent dans le royaume de Castille, où sévissait, non pas les musulmans, mais la guerre civile. Deux princes s'affrontaient : le roi Pierre le Cruel, soutenu par les Anglais et les armées du Prince Noir, et son demi-frère, Henri de Trastamare, qu'appuyait Charles V et au service duquel se mit du Guesclin. La guerre entre les deux partis fut violente et meurtrière. Du Guesclin n'y fut pas toujours heureux — il fut même fait prisonnier, le 3 avril 1367 à Navarete, et Charles V dut payer sa rançon —, mais les Grandes Compagnies s'y usèrent et bon nombre de routiers y trouvèrent la mort. C'était le but recherché, tant par le Prince Noir que par le roi de France. Et, lorsque Henri de Trastamare l'emporta définitivement sur Pierre le Cruel, le 14 mars 1369 à Montiel, devenant roi de Castille, la France se trouva dotée d'un précieux allié, notamment pour ce qui concernait la guerre sur mer, dans la péninsule Ibérique.

Les routiers n'avaient toutefois pas été complètement exterminés. Certains repassèrent les Pyrénées et, grossis d'éléments nouveaux, vinrent saccager l'Auvergne. Puis la reprise de la guerre entre la France et l'Angleterre leur donna l'occasion de s'employer de nouveau. Ce n'est qu'aux environs de 1390, sous le règne de Charles VI, que cette question difficile fut définitivement réglée. Mais, pour l'heure, une bonne partie du royaume en était débarrassée.

◁**Les ravages des Grandes Compagnies.** Malgré le traité de Brétigny et le retour à la paix, les routiers continuaient de mettre le pays à feu et à sang, spécialement dans les campagnes des provinces du Centre et du Midi. Miniature du XVe siècle. B. N.
Phot. B. N.

△**Monnaie d'Édouard III :** le noble d'or (frappé à partir de 1344). Le puissant roi d'Angleterre eut tout au long de son règne d'énormes besoins d'argent pour réaliser ses ambitions militaires et politiques. Grâce à ses victoires et aux rançons de ses prisonniers royaux ou princiers, il en manqua rarement. B. N.
Phot. B. N.

△ **Siège de Brest par du Guesclin (1373).** Ce fut en vain que le connétable tenta de s'emparer du grand port breton, ravitaillé par mer par les Anglais et solidement défendu. Miniature du XVe siècle. B. N.
Phot. B. N.

La reconquête des territoires perdus. Le terrain était dès lors déblayé pour reprendre la lutte contre les Anglais. Charles V n'avait d'ailleurs cessé de s'y préparer en reconstituant ses forces militaires et navales, en faisant la paix avec la plupart de ses vassaux et en nouant d'habiles alliances diplomatiques. À l'opposé, son adversaire vieillissant, Édouard III, connaissait des difficultés à l'intérieur de son royaume et avec sa propre famille.

Depuis 1360, malgré la paix conclue, Francais et Anglais s'étaient affrontés plus ou moins directement en Bretagne et en Espagne. Mais les relations entre les deux rois restaient correctes. En 1367, plus de la moitié de la colossale rançon de Jean le Bon avait été payée, et le transfert des territoires cédés était en cours. Des commissions d'enquêtes mixtes allaient sur le terrain pour fixer avec précision les limites des régions acquises par le roi d'Angleterre. Ces opérations étaient lentes et les contestations nombreuses. Un incident de caractère féodal — l'appel de seigneurs gascons, en conflit avec le Prince Noir, duc d'Aquitaine, non pas à Édouard III leur suzerain d'après le traité de Calais, mais à Charles V, leur ancien suzerain — décida de la reprise de la guerre. Le roi de France ne fit rien pour l'empêcher, bien au contraire. Le 3 juin 1369, Édouard III, plein d'amertume contre son rival, reprit son titre de « roi de France ». Le 13 novembre suivant, Charles V prononça une nouvelle fois la confiscation de l'Aquitaine. Les traités de Brétigny et de Calais devenaient lettre morte.

En accord avec du Guesclin, nommé connétable en 1370, Charles V décida de donner à la guerre un caractère nouveau, qui déconcerta les ennemis et lui permit de s'acheminer vers des succès décisifs. L'expérience avait montré le danger des grandes batailles, comme à Crécy ou à Poitiers, qui pouvaient ruiner en une seule journée tout l'effort d'une longue campagne. Il parut préférable de harceler l'adversaire par de petites escarmouches, de lui couper les vivres en dévastant le pays et, quand il se faisait trop pressant, de se blottir dans des forteresses en l'obligeant à une guerre de siège, lente et sans éclat. Ainsi les Anglais s'épuiseraient, et leur

◁ **Mort de Du Guesclin (1380).** Elle fut la conséquence de la maladie et non pas des armes. Le connétable mourut d'une « fièvre quarte » alors qu'il assiégeait victorieusement Châteauneuf-de-Randon, tenu par les routiers auvergnats. Miniature du XIVe siècle.
Phot. Archives Snark/Cl-B. N.-Edimedia.

Le baptême du dauphin Charles (futur Charles VI) en 1368. ▷ Le baptême d'un dauphin faisait partie du rituel monarchique et, comme toute cérémonie religieuse, comportait une procession. On voit ici la reine Jeanne de Bourbon porter le nouveau-né (emmailloté dans un drap d'hermine, symbole de pureté) des appartements du palais vers la chapelle. Miniature du XIVe siècle. B. N.
Phot. B. N.

épuisement permettrait à du Guesclin, au moment favorable, de déclencher selon son habitude quelques coups de main audacieux et de s'emparer de villes importantes. Plus de grandes chevauchées ni d'épisodes grandioses, plutôt une suite d'actions secondaires, à objectifs limités mais frappant à coup sûr.

L'efficacité de la méthode fut rapidement démontrée. Dès 1369, les fiefs anglais du Midi furent entamés par les prises de Montauban, d'Agen, de Rodez et de Tarbes. L'année suivante, une armée ennemie, débarquée à Calais et commandée par un simple chevalier, Robert Knowles, marcha sur Paris ; mais elle ne trouva que des villes bien abritées derrière leurs remparts clos et des campagnes saccagées. Lorsque, harassée par des marches pénibles, elle se rabattit vers l'ouest, du Guesclin, qui guettait ce moment, la surprit et tailla en pièces son arrière-garde, à Pontvallain, près du Mans, le 4 décembre 1370.

En Aquitaine, la maladie puis la mort du Prince Noir (1376) et la politique des seigneurs gascons favorisèrent les entreprises des Français. Tour à tour, le Poitou, la Saintonge, l'Angoumois et l'Aunis furent reconquis. En six années de guerre, Édouard III perdit ce qu'il avait mis vingt-sept ans à conquérir. Et, même si après sa mort, en 1377, les succès français se firent plus rares, jamais les Anglais ne purent reprendre les régions perdues. En juillet 1380, à la mort de Du Guesclin — parti en Auvergne combattre des routiers —, leurs possessions dans le royaume de France se limitaient à quelques morceaux de côtes, sis autour des villes de Calais, Cherbourg, Brest, Bordeaux et Bayonne. L'allié des Anglais, Charles le Mauvais, qui avait profité de la guerre pour trahir de nouveau, était refoulé dans son royaume de Navarre où il mourut quelques années plus tard.

Le gouvernement de Charles V. Ces résultats remarquables, inespérés même, puisqu'ils avaient été acquis en moins de dix ans, n'avaient pu être obtenus que par un dur effort imposé au royaume, notamment en matière financière : le roi avait dû sans cesse recourir à des aides extraordinaires, à des fouages perçus sur chaque foyer, à des taxes de toutes sortes sur le sel et sur les ventes de marchandises. Tous ses sujets étaient lourdement frappés, et l'impôt devenait presque permanent. Pareillement, Charles V exigea de tous une obéissance sans réserve. Les nobles durent, dans leur fief, sous prétexte d'assurer la défense militaire du pays, accepter de faire inspecter leurs châteaux forts par des agents du roi et même y recevoir des garnisons. À Paris, la bourgeoisie marchande fut surveillée de près, et les assemblées d'état ne furent plus réunies après 1369. Charles V préférait s'inspirer des avis de ses conseillers et gouverner avec ses collaborateurs fidèles. Le parlement fut également mis en surveillance : devenu permanent et installé dans l'île de la Cité, il vit son action paralysée par l'usage des lits de justice, séances solennelles présidées par le roi en personne et au cours desquelles l'action propre des magistrats était suspendue et soumise aux décisions du souverain et de son entourage.

Ainsi, sous des allures justes et modestes, sans exciter l'attention publique par aucune mesure rigoureuse ou violente, Charles V cheminait doucement vers une sorte de pouvoir absolu, en même temps qu'il avait redonné à la monarchie française, tant éprouvée par les malheurs des deux premiers Valois, une partie de son prestige perdu. Il mourut malheureusement relativement jeune, le 16 septembre 1380, à l'âge de quarante-deux ans, alors que son fils, le dauphin Charles, en comptait à peine douze. Le royaume était de nouveau livré à la régence, avec toutes les difficultés que cela supposait.

Le *Songe du vergier* : ▷ débat du clerc et du chevalier. Rédigé par un conseiller de Charles V (peut-être Raoul de Presles), le célèbre *Songe du vergier* est un traité politique consacré aux relations entre le pouvoir royal et le pouvoir ecclésiastique. Dans son prologue, l'auteur (en bas de l'image) utilise le procédé médiéval du songe : s'étant endormi dans un verger, il voit apparaître en rêve le roi entouré de deux dames symbolisant la puissance spirituelle et la puissance temporelle. Celles-ci choisissent comme avocats un clerc et un chevalier, et c'est le long débat entre ces deux personnages qui constitue la matière du livre. Miniature du XIVe siècle. British Museum.

1380-1415 La France du roi fou

Le redressement de la France, opéré pendant le règne de Charles V, fut de courte durée. Le roi mourut en 1380, à l'âge de quarante-trois ans, sans avoir pu parachever son œuvre, laissant pour lui succéder un fils mineur et, pour exercer la régence, des princes avides et ambitieux, plus soucieux de leurs intérêts propres que de ceux de l'État. Certes, le royaume était en paix, mais cette paix semblait bien fragile. Le long conflit avec l'Angleterre, commencé presque cinquante ans plus tôt, s'était assoupi, mais n'avait pu être terminé. Une grave crise sociale, qui agitait alors toute l'Europe et qui était tout à la fois la conséquence de la misère, de la guerre, des épidémies et du trouble des esprits, l'avait relégué au second plan. Au reste, le siècle finissait mal pour la chrétienté occidentale, en proie aux pires désordres économiques et politiques, et profondément perturbée, depuis 1378, par le scandale du Grand Schisme et par l'affrontement de deux papes rivaux.

En France, cette crise de la société n'eut pas immédiatement l'ampleur qu'elle connut, dans les années 1380, en Angleterre et dans les pays de l'Empire. Mais elle vint s'ajouter à la crise de l'autorité monarchique, dont la minorité du roi puis sa maladie et son incapacité à assumer la réalité du pouvoir furent les causes successives. La situation finit par déboucher sur une véritable guerre civile, la première qu'ait connue le pays. Exsangue et sans ressort, le royaume alla de périls en périls et se trouva, après le désastre d'Azincourt (1415), acculé à la ruine et à l'occupation étrangère. Le long, le trop long règne de Charles VI (1380-1422), le roi fou, fut ainsi le plus pitoyable de toute l'histoire de France.

Cependant, malgré tous ces malheurs, la civilisation française ne cessa pas de briller de tout son éclat, et la cour des Valois continua d'imposer à l'Europe entière les modes et les goûts du moment. Au milieu des désordres les plus tragiques, les dernières années du XIVe siècle et les premières du XVe constituèrent même en France, pour la peinture, l'architecture, la musique et la poésie, une période d'exceptionnelle fécondité. Charles V avait été mécène, collectionneur et bâtisseur. Son frère Jean de Berry le fut plus encore et porta au plus haut degré le goût de sa lignée pour les arts et les collections. Pour lui, les peintres les plus renommés, tels les frères de Limbourg, peignirent les manuscrits les plus somptueux, comme les *Très Riches Heures,* achevées ves 1416. Autour des princes se groupèrent des lettrés de plus en plus nombreux, et ce fut en pleine guerre civile que naquit, au début du XVe siècle, ce qu'on a pu appeler « le premier humanisme français ».

◁**Les grenouilles de *l'Apocalypse* :** fragment d'une des tapisseries de *l'Apocalypse* tissées pour le duc Louis Ier d'Anjou (vers 1376-1382). Le très long règne de Charles VI fut un des plus malheureux de notre histoire : un roi dément, une reine frivole et inconséquente, des princes dévorés d'ambition, la guerre civile, la guerre étrangère, la dégradation des conditions climatiques, le banditisme, la misère, la mort ; tous les fléaux de l'Apocalypse semblaient s'abattre en même temps sur le royaume de France. Angers, musée des Tapisseries.
Phot. Lauros-Giraudon.

Les deux dernières années du règne de Charles V n'avaient pas été aussi heureuses que les dix précédentes. Outre de nombreux deuils dans l'entourage du roi et l'impossibilité de conclure l'interminable conflit avec l'Angleterre, plusieurs soulèvements éclatèrent dans différentes provinces du royaume : ainsi, en Flandre, à cause de la mauvaise administration du gendre du comte, Philippe duc de Bourgogne ; ainsi également en Bretagne, en raison de l'imprudence de Charles V qui avait voulu punir le duc Jean IV de son alliance avec les Anglais en faisant prononcer, en 1378, la confiscation du duché. En Auvergne et en Languedoc, des bandes de routiers s'étaient reformées et avaient recommencé leurs exactions. Charles V, épuisé par le labeur et la maladie, ne réussit pas à régler ces différents problèmes avant sa mort. Elle survint le 16 septembre 1380, alors qu'il était agité de sombres pressentiments.

Les oncles et le neveu. Son fils aîné Charles lui succéda et fut sacré au début du mois de novembre. Il n'avait pas encore douze ans. L'ordonnance relative à la majorité des rois prise par son père en 1374 et fixant celle-ci à quatorze ans ne pouvait lui être appliquée. Un conseil de régence fut donc institué, contrairement aux dispositions prises par Charles V qui souhaitait un régent unique, et le gouvernement des affaires du royaume fut théoriquement partagé entre les quatre oncles du jeune roi : les ducs d'Anjou, de Berry, de Bourgogne et de Bourbon. Cette situation dura jusqu'en 1388, bien que Charles VI

Le gouvernement des princes et la guerre civile

◁**Charles VI en majesté.** Aucune image contemporaine n'a représenté le roi atteint de démence. Bien au contraire, tout au long du règne, l'iconographie monarchique a mutiplié les types de majesté, comme pour souligner que la maladie qui touchait le corps et l'esprit de l'individu n'entamait en rien la personne royale. Les lois fondamentales du royaume tenaient pour sain d'esprit un roi fou. Miniature de la fin du XIVe siècle. B. N. *Phot. B. N.*

Grand sceau équestre du duc Louis Ier d'Anjou (1383). Emporté et chimérique, cupide et vaniteux, saignant les provinces dont il avait la charge (notamment le Languedoc), le duc d'Anjou poursuivait en Italie les rêves les plus fous. Ce fut lui que Charles V désigna pour exercer la régence pendant la minorité de Charles VI ; mais il dut partager le pouvoir avec les trois autres ducs, avant d'aller tenter l'aventure au-delà des Alpes et d'y trouver la mort. Archives nationales, Paris. *Phot. Lauros-Giraudon.* ▽

Philippe le Hardi, duc de Bourgogne (1342-1404). ▷ Dernier fils de Jean le Bon, il avait gagné son surnom à la bataille de Poitiers (1356), où il lutta jusqu'au bout, avant d'être fait prisonnier en même temps que son père. Homme courageux, habile et patient, il sut profiter des circonstances pour satisfaire ses ambitions politiques et territoriales. Son apanage de Bourgogne et l'héritage flamand de sa femme Marguerite en firent l'un des princes les plus riches et les plus puissants d'Occident, et jetèrent les bases de l'immense Empire bourguignon qui, au XVe siècle, menaça le royaume de France. Tableau anonyme du XVe siècle. Château de Versailles. *Phot. Lauros-Giraudon.*

aproche · aproche

ait depuis longtemps atteint la majorité requise pour gouverner.

Le duc Louis Ier d'Anjou était un personnage violent, rapace et maladroit, bien plus préoccupé de ses propres affaires que de celles du royaume. Il prit le titre de régent, mais, dès 1381, il partit en Italie où lui était théoriquement promis l'héritage de la reine Jeanne Ire de Naples. De fait, il devint roi de Naples et de Sicile en 1382, mais il mourut deux ans plus tard sans avoir pu véritablement régner sur ses nouveaux États. Son frère, Philippe le Hardi, jeune héros de la bataille de Poitiers, duc de Bourgogne depuis 1363, était un prince de bien plus grande envergure et un homme politique plus avisé. Ce fut pour ainsi dire lui qui gouverna la France pendant la régence des oncles, puis, plus tard, lorsque son neveu Charles VI fut atteint de démence. Mais Philippe le Hardi était ambitieux et surtout préoccupé par les affaires de Flandre, où son beau-père, le comte Louis de Mâle, était depuis 1379 aux prises avec des révoltes urbaines, à Gand, Ypres et Bruges. En 1381, Gand mit même à sa tête Philippe Van Artevelde, fils de Jacques Van Artevelde, chef de la première révolte de la Flandre en 1337-1345, et demanda l'aide économique et militaire de l'Angleterre. À la tête de l'armée royale, Philippe le Hardi partit châtier les Gantois révoltés et tailla en pièces les milices flamandes lors de la sanglante bataille de Rozebeke, au mois de novembre 1382. Deux ans plus tard, Philippe succédait à son beau-père à la tête du comté et parvenait progressivement à y ramener la paix. Cette installation de la maison de Bourgogne en Flandre, préparée de longue date, constituait comme l'acte de naissance du puissant État bourguignon, qui connut son apogée au milieu du XVe siècle.

Le troisième fils de Jean le Bon, oncle paternel du jeune roi comme les deux précédents, était un personnage à part : mécène fastueux, mais prince cupide, Jean de Berry n'était guère intéressé par la politique et le pouvoir ; ce qu'il aimait, c'était l'argent, et tout lui était bon pour s'en procurer. Richement apanagé du Berry, du Poitou et de l'Auvergne, il devint gouverneur du Languedoc pendant la minorité du roi et en profita pour saigner la province comme il avait déjà saigné ses apanages. Les villes de Béziers et de Carcassonne se révoltèrent contre son gouvernement en 1381 et 1382, mais ces soulèvements urbains furent violemment réprimés.

Quant au dernier des oncles de Charles VI, Louis II duc de Bourbon, frère de Jeanne de Bourbon, femme de Charles V, c'était un homme juste et loyal, mais relativement effacé, qui préférait séjourner dans ses terres du Bourbonnais plutôt qu'à la Cour parisienne. Son influence au sein du gouvernement demeura toujours faible.

Charles V avait de bonne heure pourvu à l'éducation de son fils aîné, appelé à lui succéder. Le pieux et savant Philippe de Mézières en avait été chargé, mais le jeune prince ne semble avoir jamais eu l'intelligence nécessaire pour comprendre et faire fructifier ce qui lui était enseigné. C'était en revanche un homme pieux et bienveillant, prêt à accorder sa confiance et son pardon.

Les difficultés intérieures. Les oncles gouvernèrent pendant huit ans. Leurs premières mesures consistèrent à renvoyer les sages conseillers de Charles V et tous ceux qui travaillaient avec eux. Le prévôt Hugues Aubriot fut jeté en prison, tandis que Pierre d'Orgemont fut mis en demeure

◁ **Un banquet à la cour de Jean, duc de Berry.** Prince cupide et fastueux, le duc s'intéressa à toutes les formes de la vie artistique, y compris les arts de la table. Sa Cour de Bourges lançait les modes esthétiques et vestimentaires dans tout le nord du royaume. Ici, derrière les convives, on peut voir une tenture représentant un épisode tiré d'un roman de la Table ronde. Miniature des *Très Riches Heures* (début du XVe siècle) : le mois de janvier. Musée Condé, Chantilly.
Phot. Giraudon.

Le « bon duc » Louis II de Bourbon (1337-1400). ▷ Envoyé comme otage en Angleterre pour servir de caution au paiement de la rançon du roi Jean le Bon, il y resta huit longues années. Revenu dans ses vastes fiefs du centre de la France, il lutta efficacement contre l'occupation étrangère et s'attira l'affection de ses sujets pour son administration sage et débonnaire. Il fut l'un des quatre régents du royaume en 1380 (il était le beau-frère de Charles V), mais joua dans le domaine politique un rôle effacé. Dessin aquarellé du XVIIe siècle. B. N.
Phot. B. N.

△ **Sceau en pied du duc Louis II de Bourbon.** Ce sceau, dont la matrice a probablement été gravée par un orfèvre italien, est l'un des plus beaux de tous ceux que le Moyen Âge finissant nous a laissés. Le duc, régent du royaume, s'est fait représenter en « prince des fleurs de lis » et a cherché à dissimuler sur son écu et sur sa cotte d'armes la *bande* propre aux armoiries de la maison de Bourbon, cadette de la maison de France. Archives nationales, Paris.
Phot. L. L.

de renoncer à la chancellerie. Partout, les oncles installèrent des hommes à leur solde, pour la plupart peu compétents et mal préparés à se dévouer pour le bien de l'État. En quelques mois, l'œuvre de Charles V se trouva compromise, et toute l'épargne du règne précédent fut rapidement dépensée en fêtes et en prodigalités de toutes sortes.

Les difficultés financières et la multiplication des levées d'aides et d'impôts divers entraînèrent rapidement des soulèvements dans différentes provinces de France. L'Europe dans son ensemble était du reste en proie à une véritable crise d'autorité. Partout se produisaient des émeutes contre la politique fiscale des gouvernants et des soulèvements contre les pouvoirs en place. Cela favorisa à la fois un retour du banditisme, qui depuis le milieu du XIVe siècle n'avait jamais totalement disparu, et le développement de mouvements hérétiques, tels celui de John Wyclif en Angleterre et, plus tard, celui de Jean Hus en Bohême. En outre, le Grand Schisme, qui, depuis l'élection de deux papes en 1378,

△ **Premier folio d'un manuscrit du roman en prose de *Lancelot du Lac* (vers 1390).** Du XIIe au XVe siècle, toute la société occidentale s'est passionnée pour la légende du roi Arthur et des chevaliers de la Table ronde, tels Lancelot, Yvain, Perceval. Paris, Arsenal. *Phot. Giraudon.*

◁**Cinq pendus au gibet de Montfaucon.** En période de troubles urbains, les condamnations à mort furent nombreuses tout au long des XIVe et XVe siècles. La pendaison était le mode d'exécution pour les condamnés de droit commun et les individus coupables de crimes politiques. Seuls les hérétiques étaient envoyés au bûcher. Miniature de la fin du XVe siècle. B. N.
Phot. B. N.

Scène de massacre dans une rue parisienne. Hugues Aubriot, prévôt royal pour la capitale, avait réussi à rétablir la sécurité dans les rues de Paris pendant le règne de Charles V. Mais l'insécurité et le banditisme réapparurent avec la guerre civile et, pendant le premier tiers du XVe siècle, Paris redevint une ville où les coups de main et les assassinats étaient quotidiens. Miniature du XVe siècle. B. N. ▽
Phot. B. N.

déchirait l'Église et la chrétienté, contribuait à accroître l'égarement des consciences et le désordre des esprits. Le désarroi était général ; il dura près de quarante ans.

En France, l'agitation qui se manifesta un peu partout dans le royaume pendant le gouvernement des oncles ne répondit à aucun esprit de coordination. Ce furent des émeutes spontanées qui soulevèrent d'abord plusieurs villes de Normandie, puis celles de Flandre et de Languedoc, et enfin Paris en 1382, lorsque les insurgés, armés de maillets — d'où leur surnom de « maillotins » —, pourchassèrent les percepteurs des aides et furent un moment maîtres de la ville. Partout, les princes et l'armée royale ne purent rétablir le calme qu'en exerçant une très dure répression. Dans tout le Midi sévissaient aussi des bandes de routiers et de brigands, auxquels on donnait le nom de « tuchins » (de *touche,* signifiant « maquis »). Jean de Berry leur fit une chasse impitoyable et parvint à en

◁**Entrée d'Isabeau de Bavière à Paris (1389).** La légende a laissé de la reine une image effroyable qui n'est justifiée qu'en partie. Princesse futile, à l'esprit borné, épouse d'un roi fou, reine d'un royaume en proie à l'anarchie et à la misère, elle fut constamment le jouet de factions rivales qui surent exploiter sa légèreté et sa vanité. Son impopularité était moins due à son comportement « scandaleux » qu'au fait qu'elle était allemande, c'est-à-dire étrangère dans le plein et fort sens du mot (malgré le conflit franco-anglais, une reine d'origine anglaise aurait probablement été mieux acceptée). Dessin aquarellé du XVIIe siècle. B. N.
Phot. B. N.

faire massacrer un grand nombre. Vers 1385, l'ordre était à peu près rétabli dans le royaume. Seules subsistaient quelques bandes isolées de routiers dans le Massif central.

Les troubles politiques et sociaux avaient depuis 1380 fait passer le problème de la guerre contre l'Angleterre au second plan. Celle-ci était toutefois hors d'état de profiter de la situation. Depuis la mort d'Édouard III (1377), elle était gouvernée, elle aussi, par un tout jeune roi placé sous la tutelle de ses oncles ; la politique de ces derniers y avait engendré un mouvement général de mécontentement qui se traduisit même, en 1381, par une levée en masse de tous les pauvres gens, véritable révolution sociale dirigée contre les riches, les nobles et les prélats. Les rebelles s'emparèrent même de Londres, et seule une répression sanglante réussit à les disperser. La lutte contre la France se trouvait donc, ici aussi, repoussée au second plan.

Ayant réprimé les troubles intérieurs, les oncles de Charles VI concurent, en 1386, le projet d'une grande invasion de l'Angleterre, avec l'appui des Écossais. On concentra donc à grands frais des navires, des troupes et du matériel dans tous les ports de Normandie. Mais les atermoiements du duc de Berry firent échouer le projet, et le débarquement n'eut pas lieu. Au mois d'août 1388, de nouvelles trêves furent conclues avec l'Angleterre. Plusieurs fois renouvelées, elles prolongèrent la paix jusqu'en 1413. Ce fut pour les deux royaumes comme « une longue mi-temps ».

Les marmousets. Sans avoir été catastrophique, le gouvernement des oncles avait en quelques années fâcheusement compromis les bénéfices du règne réparateur de Charles V. Les caisses de l'État étaient vides et l'agitation, pour le moment étouffée, ne demandait qu'à reprendre. Au mois d'octobre 1388, Charles VI, désormais âgé de vingt ans, décida de s'affranchir de la tutelle des trois ducs et de gouverner seul. Décision qui surprit et qui fut peut-être due à l'influence de la jeune épouse du roi, Isabeau de Bavière, dont le mariage avec Charles VI avait été célébré trois ans plus tôt. Cette alliance allemande, inhabituelle jusqu'alors chez les Valois, était une vieille idée de Charles V qui souhaitait contrebalancer en Allemagne l'influence anglaise. Elle allait se révéler désastreuse pour la dynastie et pour le royaume.

Seul maître du pouvoir, Charles VI rappela les anciens conseillers de son père : Jean Le Mercier, Bureau de La Rivière, le maréchal de Sancerre, les évêques de Bayeux, de Noyon et d'Auxerre. Des hommes nouveaux se joignirent à eux, pour le plus grand bien des affaires du royaume : Jean de Montagu, Le Bègue de Vilaines, Enguerrand d'Eudin. Tous ces hommes

◁**L'entourage de Charles V.** La plupart de ces personnages — qui sont tous identifiables grâce aux armoiries qui ornent leur robe — furent chassés des affaires par le gouvernement des oncles. Mais ils y revinrent de 1389 à 1392, lorsque Charles VI décida de se passer de la tutelle des ducs. Dessin aquarellé du XVIIe siècle, copie d'une miniature exécutée vers 1380. B. N.
Phot. B. N.

△**Tête du gisant de la reine Isabeau à Saint-Denis.** La reine, née en 1371, était la fille du duc Étienne II de Bavière. Mariée en 1385 à Charles VI, elle lui donna douze enfants, dont trois seulement lui survécurent. Elle mourut en 1435, pieuse, misérable et délaissée de tous, y compris et surtout de son fils Charles VII.
Phot. Giraudon.

étaient détestés des oncles du roi, de la Cour et de l'aristocratie en général. Par dérision, on les surnommait « marmousets », c'est-à-dire petites figures grotesques et de peu de valeur. Les dits « marmousets » acceptaient ce qualificatif, qui soulignait la modestie de leurs origines et la haine des grands. Conscients que leur cohésion était indispensable à la bonne marche du gouvernement, ils prirent entre eux l'engagement de poursuivre la même politique et de se soutenir mutuellement. Ils reçurent au bout de quelques mois l'appui du puissant connétable Olivier de Clisson, compagnon et successeur de Du Guesclin, puis du propre frère du roi, Louis de Touraine, qui devint duc d'Orléans en 1392. Ils continuèrent la série des grandes ordonnances réformatrices inaugurée sous le règne précédent. Ils réorganisèrent la justice et l'administration du domaine, et remirent de l'ordre dans les finances de l'État. À Paris, ils rétablirent la charge de prévôt des marchands, supprimée par les oncles, mais diminuèrent ses pouvoirs et modifièrent son titre en « garde de la prévôté des marchands ». Ce magistrat était désormais nommé par le roi. Le premier à occuper cette charge fut Jouvenel des Ursins, qui, pendant la guerre civile, n'abandonna jamais la cause de Charles VI, tout en défendant les Parisiens contre les exactions des Bourguignons.

Les marmousets tentèrent de remettre la France dans la bonne voie. Mais le répit fut court et ils n'eurent pas le temps de réaliser toutes les réformes qu'ils auraient souhaitées. Quatre ans après leur retour à la tête des affaires, ils en furent de nouveau chassés, cette fois définitivement. Le roi, entre-temps, était devenu fou.

La folie du roi. Délivré de la tutelle de ses oncles, le jeune Charles VI s'était livré au plaisir avec une véritable frénésie. Son ardeur à la chasse, à la guerre, aux bals et aux fêtes avait quelque chose de maladif. De santé fragile, tant sur le plan physique que sur le plan intellectuel, il s'y usa en moins de quatre ans. Les premiers signes de démence grave et définitive apparurent pendant l'été 1392. Vivement affecté par une tentative de meurtre commise sur le connétable de Clisson, le roi avait juré cet été-là d'en tirer vengeance. Bien qu'affaibli par une fièvre typhoïde, il se mit en route vers la Bretagne, où le coupable, Pierre de Craon, une créature du duc Jean IV, s'était réfugié. Mais, pendant la route, la maladie, la fatigue, la chaleur et l'idée fixe qui le torturait commencèrent à lui faire perdre la raison. On l'entendit prononcer des paroles incohérentes. Le 5 août, une crise décisive éclata aux environs du Mans, alors que le cortège royal traversait une forêt. Selon le récit de Froissart, un vagabond couvert de haillons l'avait suivi pendant un long moment en prononçant, sans qu'on pût le faire taire, des paroles menaçantes : « Ne va pas plus loin, noble roi, car tu es trahi. » Soudainement, un des pages de la suite, assoupi par la chaleur, lâcha sa lance qui heurta avec fracas le casque d'un soldat voisin. Le roi, tirant alors son épée, fonça sur les gens de son escorte, en frappant tous

◁ **Charles VI atteint de démence dans la forêt du Mans (1392).** Ce jour-là, le roi fut pris, pour la première fois, d'un violent accès de folie furieuse et, dès lors, ne retrouva jamais la plénitude de ses esprits. Au début, alternèrent les périodes de délire et celles de lucidité ; mais, au fil du temps, les phases de démence s'allongèrent et finirent par constituer l'état ordinaire du souverain. Miniature du XVe siècle. B. N.
Phot. B. N.

La folie de Charles VI vue par un peintre de la fin du XVe siècle. Le roi, sans couronne, ayant perdu son sens, cherche à tuer son frère, le duc d'Orléans. Musée Condé, Chantilly.
Phot. Giraudon. ▽

ceux qu'il rencontrait. Il y eut des blessés et peut-être des morts. L'accès de folie furieuse dura près d'une heure. C'est seulement lorsque Charles VI, à force de cogner, eut cassé son épée que l'on parvint à s'approcher de lui par-derrière, à le renverser de sa monture et à le lier sur un chariot pour le reconduire au Mans. Pour la première fois, la France avait à sa tête un roi fou.

Charles VI vécut encore trente longues années. Il ne guérit jamais. Il eut bien, au début, des intervalles de lucidité ou de demi-lucidité, pendant lesquels il pouvait recevoir des diplomates, s'occuper de ses

△**Le bal des Ardents.** La Cour chercha à obtenir la guérison du roi par les fêtes et par les plaisirs. Le 31 janvier 1393 fut donné en l'hôtel Saint-Pol une mascarade où Charles VI et quelques seigneurs apparurent déguisés en hommes sauvages. Un début d'incendie mit le feu à leur costume, et plusieurs d'entre eux furent brûlés vifs. Le roi échappa à la mort, mais cet incident aggrava définitivement son état mental. Miniature du XVe siècle. B. N.
Phot. B. N.

◁**Rencontre de Sigismond de Luxembourg,** roi de Hongrie, et de l'armée croisée de Jean sans Peur devant Buda (1395). Le fils du duc de Bourgogne avait pris la tête d'une gigantesque armée chevaleresque pour aller secourir les Hongrois menacés par l'avance turque dans les Balkans. Malgré leur nombre supérieur, ces croisés furent anéantis par l'armée turque à Nicopolis, le 25 septembre 1396. Miniature de la fin du xve siècle. B. N.
Phot. B. N.

enfants, jouer aux tables ou aux cartes (qui venaient de faire leur apparition en Occident), mais ces intervalles furent de plus en plus rares et de plus en plus courts. On essaya de le guérir par des fêtes — tel le fameux bal des Ardents, en janvier 1393, où Charles VI, déguisé en satyre, faillit périr brûlé —, par des pèlerinages, par des médecines de toutes espèces. Rien n'y fit. Il vécut dès lors dans une sorte de prostration et de mélancolie névrotiques, s'imaginant qu'il était en verre et, pour ne pas se briser, se faisant recouvrir

Jean sans Peur et sa femme Marguerite de Bavière. ▷ Quelque peu éclipsé par le renom de son fils Philippe le Bon et plus ou moins sali par le meurtre de Louis d'Orléans qu'il commandita, Jean sans Peur n'en fut pas moins un prince habile et fastueux. Il sut, en outre, agrandir et fortifier l'État bourguignon et en faire la force politique la plus puissante d'Europe occidentale. Constamment absorbé par les affaires du royaume de France, il confia souvent l'administration de ses fiefs, immenses et dispersés, à son épouse Marguerite de Bavière, qui sut s'acquitter de cette tâche avec beaucoup d'efficacité. Diptyque anonyme du xve siècle. Gand, Musée des Beaux-Arts.
Phot. Giraudon.

de plaques de fer, refusant de changer de vêtements et, aux dires des chroniqueurs, « tout plein de poux, de vermines et d'ordures ». De temps en temps, il était pris de crises violentes, pendant lesquelles il courait dans son palais jusqu'à l'épuisement de ses forces, mettant en pièces toutes les étoffes qui lui tombaient sous la main.

Orléans et Bourgogne. Les oncles du roi revinrent au pouvoir dès l'automne 1392. Ils chassèrent les marmousets et firent même emprisonner ou exécuter certains d'entre eux. Le connétable Olivier de Clisson dut se réfugier sur ses terres, en Bretagne, où il se réconcilia avec le duc. Fêtes et prodigalités recommencèrent. En 1396, une partie de la noblesse du royaume se lança dans une folle aventure et partit, comme à un tournoi, sous les ordres du fils du duc de Bourgogne, Jean sans Peur, comte de Nevers, combattre les Turcs en Europe orientale. L'armée des croisés fut taillée en pièces à Nicopolis, en Bulgarie, le 25 septembre, par les troupes du sultan Bajazet. Les prisonniers chrétiens furent exterminés, sauf le comte de Nevers et vingt-quatre des plus riches seigneurs français, qui furent mis à rançon. Le peuple dut payer cette folle équipée. Le duc de Bourgogne leva deux fois les aides nécessaires pour libérer son fils, et les fêtes reprirent.

À côté des oncles du roi fou — les ducs de Bourgogne, de Berry et de Bourbon —, un nouveau prince était venu prendre place : le duc Louis d'Orléans, jeune frère de Charles VI. Tout aussi avide d'argent et de domination que ses oncles, il ne tarda pas à se heurter fréquemment à Philippe le Hardi, duc de Bourgogne et véritable chef du gouvernement de la France. Lorsque celui-ci mourut, en 1404, après une vie fastueuse et agitée, son fils Jean sans Peur hérita de ses immenses domaines de Bourgogne et de Flandre, et voulut, comme son père, tenir la première place au Conseil du roi. Il entra alors en conflit avec le duc d'Orléans et la situation dégénéra rapidement en rivalité ouverte et brutale.

Chacun des deux princes eut son parti. Louis, chevalier brillant, ami des arts, des plaisirs et des dames, mais esprit limité et dépravé, prodigue de tout, pouvait compter sur la plus grande partie de la noblesse ainsi que sur la reine Isabeau, passionnée comme lui de fêtes, de plaisir et de luxe. On eût pu accuser celle-ci d'inconduite. Mais nul n'y songea avant Brantôme ! En face, Jean, d'un caractère emporté et violent, mais beaucoup plus intelligent que son cousin, avait des ambitions à plus longues vues. La Cour et le royaume furent pendant trois ans agités par la lutte incessante des deux princes. La guerre civile semblait imminente, malgré les tentatives de réconciliation patiemment opérées par le vieux duc de Berry. Louis d'Orléans et Jean sans Peur armaient leurs gens, fortifiaient leurs hôtels et recherchaient des alliances. Chaque jour, la haine grandissait entre les deux rivaux. Elle déboucha sur un assassinat, le 23 novembre 1407. Ce soir-là, Louis d'Orléans revenait de chez la reine, peut-être sa maîtresse, qui venait d'accoucher de son

△ **Le désastre de Nicopolis (1396).** Cette défaite de la chrétienté devant les Turcs marqua définitivement le déclin de l'idée de croisade, inadaptée à des conditions politiques, militaires, géographiques et psychologiques qui n'étaient plus celles de l'époque féodale. Miniature du XVe siècle. *Phot. Lauros-Giraudon.*

douzième enfant, dans l'hôtel Barbette, au cœur du Marais. Il fut attaqué peu avant minuit par dix-sept hommes d'armes au service de Jean sans Peur, et son corps fut haché de coups de poignard. Ses obsèques furent célébrées le lendemain, et le duc de Bourgogne y simula une grande affliction. Mais son crime fut bientôt découvert et il dut s'enfuir précipitamment de la capitale. Il y revint en triomphateur l'année suivante, car, si Louis d'Orléans fut longuement pleuré par la Cour et par les princes, il n'en fut pas de même du peuple de Paris qui le détestait et lui préférait le duc de Bourgogne, habile démagogue sachant tirer bénéfice de tout.

Telle était la situation du royaume de France en 1408 : un roi fou, une reine dépensière et — au moins en apparence — étourdie, un dauphin à peine âgé de douze ans et déjà corrompu par le spectacle d'une Cour licencieuse, le premier prince du sang meurtrier de son cousin, une noblesse sans énergie et sans honneur, ne songeant qu'à l'argent et aux profits, une Église perturbée par le Grand Schisme, le tout dans une atmosphère de guerre civile et au milieu d'un peuple égaré et affolé par les souffrances, prêt à se

Christine de Pisan offrant un exemplaire de son *Épître d'Othéa à Hector* au duc Louis d'Orléans. Christine de Pisan (1364-1430) fut la première femme de lettres dont la biographie et les œuvres nous soient bien connues. Femme savante, pour qui l'écriture fut à la fois une consolation (elle resta veuve à l'âge de 25 ans) et un gagne-pain, elle laissa une œuvre considérable, abordant tous les genres et brillant dans la plupart. Miniature en grisaille du début du XVe siècle.
▽ *Phot. Giraudon.*

◁**L'assassinat du duc d'Orléans (1407) fut une faute politique.** Non seulement il fut à l'origine de la guerre civile (mais il est probable que, même sans ce meurtre, les factions ne se seraient pas comportées différemment), mais surtout il salit Jean sans Peur, le seul prince capable de rétablir l'ordre dans l'anarchie des premières années du XVe siècle, et il le salit inutilement puisque Louis d'Orléans était un homme trop inconséquent pour gêner réellement les ambitions du duc de Bourgogne. Miniature de la fin du XVe siècle. B. N.
Phot. B. N.

laisser prendre aux promesses des plus violents agitateurs.

Armagnacs et Bourguignons. Malgré la mort de Louis d'Orléans, le parti orléanais ne disparut pas de la vie politique. Un moment désemparé, il se reconstitua progressivement autour de la veuve du défunt, Valentine Visconti, puis, après la mort de celle-ci, autour du beau-père de son fils Charles, Bernard VII, comte d'Armagnac. Après une période confuse, où les paix fourrées alternèrent avec les phases de grave tension, la querelle princière dégénéra, à partir de l'été 1411, en une véritable guerre civile qui déchira l'ensemble du royaume et favorisa le retour de la menace anglaise.

La France se divisa en deux camps : celui des Bourguignons, actif surtout à Paris, dans le nord et dans l'est du royaume, et

△**Jean sans Peur recevant l'hommage d'un livre.** Tous les princes de la maison de Valois furent des mécènes, accordant leur protection aux artistes, aux savants et aux gens de plume. Certains surent en profiter pour financer des activités « culturelles » servant leurs ambitions et leurs intérêts politiques. Ce fut le cas de Jean sans Peur, et plus encore de son fils Philippe le Bon. Miniature du début du XVe siècle.
Phot. B. N.

celui des Armagnacs, recruté de préférence dans l'Ouest et le Midi. La lutte entre les deux camps fut rapidement marquée par des violences atroces, dont Paris fut le principal théâtre. L'épisode le plus grave eut lieu au printemps et à l'été de 1413. Il commença par la révolte contre les Armagnacs d'une partie de la populace parisienne, dirigée par un simple écorcheur, Simon le Coustelier, dit Caboche. Pendant plus de trois mois les Cabochiens exercèrent à Paris, avec la complicité du duc de Bourgogne, une véritable terreur. Les bourgeois et les maîtres de l'Université essayèrent d'en profiter pour tenter de réformer, comme en 1357, l'administration royale. Ils publièrent à la fin du mois de mai une grande ordonnance de réforme, dite abusivement « ordonnance cabochienne ». Bien entendu, les bouchers et les émeutiers n'y étaient pour rien et ce texte ne répondait que de très loin à leurs aspirations, au reste mal définies. Mise au point par les conseillers du roi appartenant au parti bourguignon, cette ordonnance consistait en un programme détaillé de réformes profondes, destinées à remettre de l'ordre dans la gestion des affaires de l'État, à assainir les finances et à éliminer

△**Les emblèmes du parti bourguignon et son saint patron : André.** Le choix du rabot s'inscrivait dans une guerre emblématique opposant Louis d'Orléans à Jean sans Peur : le premier ayant choisi comme *badge* un bâton écoté, le second prit un rabot pour le raboter. Miniature du début du XVe siècle.
Phot. B. N.

Massacres d'Armagnacs▷ à Paris (1413). Conduite par l'écorcheur Caboche, la populace parisienne fit régner dans la capitale une véritable terreur dont les principales victimes furent les tenants du parti armagnac. Mais cette agitation révolutionnaire effraya toute la bourgeoisie et fit du tort à la cause bourguignonne. Miniature de la fin du XVe siècle. B. N.
Phot. B. N.

la corruption et les abus. Mais elle ne fut pour ainsi dire pas appliquée et ne mit nullement fin à l'agitation, qui se prolongea fort avant dans l'été.

Toutefois, les excès des Cabochiens finirent par se retourner contre eux en faisant passer les modérés du côté des Armagnacs. Sous la conduite d'hommes comme l'ancien garde de la prévôté des marchands, Jean Jouvenel des Ursins, les bourgeois de Paris prirent des contacts avec les princes de ce parti. Une tentative de Jean sans Peur pour enlever le roi échoua, et les chefs armagnacs purent faire leur entrée dans Paris. À leur tour, Cabochiens et Bourguignons connurent la persécution. À l'aide de ses redoutables bandes gasconnes, le terrible comte d'Armagnac rétablit l'ordre dans la capitale et y fit de nouveau régner la terreur.

La reprise de la guerre étrangère. Le spectacle de la guerre civile en France contribua à donner à l'ennemi anglais l'impression que l'heure de reprendre la lutte et d'obtenir enfin des résultats décisifs était venue. D'autant que, au cours des troubles intérieurs, les deux partis rivaux, Armagnacs et Bourguignons, oubliant tout sentiment national, avaient été tentés de faire appel, chacun de son côté, à l'alliance anglaise. Longtemps paralysé par une agitation sociale larvée et par les révoltes qui avaient suivi la montée sur le trône de la dynastie des Lancastre en 1399 — après la destitution et l'assassinat de Richard II —, le roi d'Angleterre Henri IV n'avait pu entreprendre de campagne de grande envergure sur le continent. La situation changea au mois de mars 1413, lorsque son fils, Henri V, lui succéda. C'était un prince ardent et ambitieux, possédant déjà une sérieuse expérience militaire et de grands talents de chef de guerre. À partir de son

△ **Richard II,** roi d'Angleterre de 1377 à 1399. Fils du Prince Noir, il fut contraint, après vingt-deux ans de règne, à l'abdication par son cousin Henri de Lancastre, qui finit par le faire assassiner. Tableau anonyme du XVe siècle. National Portrait Gallery, Londres. *Phot. National Portrait Gallery.*

avènement et jusqu'à l'été de 1415, tout en poursuivant de sérieux préparatifs pour faire la guerre, il fit semblant de négocier avec le gouvernement de Charles VI et avec le duc de Bourgogne, pour demander une paix prétendument définitive entre les deux royaumes. Mais ses exigences territoriales firent échouer tous les pourparlers de paix.

Il se résolut donc à la guerre, qu'il aimait et qu'il recherchait, et, en 1415, réclama l'application solennelle des traités de Brétigny et de Calais conclus en 1360. C'était nier toute l'œuvre de reconquête accomplie par Charles V, au mépris du droit, il est vrai. En Angleterre, depuis l'époque d'Édouard III et du Prince Noir, les grandes expéditions sur le continent étaient restées très populaires. Le parlement vota donc avec enthousiasme les subsides demandés par Henri V, qui put réunir au début de l'été une armée forte de 2 000 hommes d'armes et de 6 000 archers : au total presque 12 000 combattants franchirent la Manche. C'était considérable. La France du roi fou s'apprêtait à connaître des heures qui devaient compter parmi les plus sombres de son histoire. À la guerre civile s'ajoutait désormais la guerre étrangère.

◁**Couronnement d'Henri V (1413).** Le nouveau roi d'Angleterre, âgé de vingt-six ans, montait sur le trône précédé d'une fâcheuse réputation : tout prince de Galles qu'il fût, il avait pendant plusieurs années couru l'aventure avec des bandits dans les bois, les rues et les tavernes. Devenu roi, il fit pendre quelques-uns de ses anciens compagnons. Miniature du xve siècle. B. N.
Phot. B. N.

△**Henri V.** Ce prince jeune et raffiné fut en réalité le meilleur chef de guerre de son temps. Sa mort en 1422, alors qu'il n'était âgé que de trente-cinq ans, sauva la dynastie des Valois et le royaume de France d'un destin funeste. Portrait anonyme du début du xve siècle. Londres, National Portrait Gallery.
Phot. National Portrait Gallery.

△Scène de chasse dans le bois de Vincennes. Jusqu'au XVIe siècle, la chasse au sanglier resta un rituel monarchique auquel la plupart des souverains s'adonnèrent avec passion. Contrairement à son père, et malgré sa maladie, Charles VI fut un chasseur enragé. Miniature des *Très Riches Heures* du duc de Berry : « le mois de décembre ». Musée Condé, Chantilly.
Phot. Telarci-Giraudon.

1415-1429 La France anglaise

DANS L'INTERMINABLE CONFLIT FRANCO-ANGLAIS, l'arrêt prolongé et presque total des opérations de guerre entre 1388 et 1412 résultait tout à la fois d'un épuisement des deux adversaires, d'un déséquilibre des forces et, surtout, de troubles intérieurs dans les deux royaumes. En France, le roi Charles VI était, depuis l'été 1392, atteint de démence par intermittence ; au fil des années son état de santé allait en empirant. Il était difficile d'établir une véritable régence, comme pendant sa minorité quelques années plus tôt, car il pouvait encore accomplir certains actes extérieurs de sa fonction royale (ce ne fut plus le cas après 1415). Mais sa débilité physique et mentale favorisait de tous côtés les intrigues princières. Après l'assassinat du duc d'Orléans, frère du roi, en 1407, par des hommes à la solde du duc de Bourgogne, celles-cl se transformèrent en une véritable guerre civile. La France fut partagée entre Armagnacs et Bourguignons, et Paris fut le théâtre le plus sanglant de leurs luttes.

En Angleterre, le roi Henri IV, qui, en 1399, avait contraint à l'abdication, puis fait exécuter, son cousin Richard II, fils du glorieux Prince Noir, était gêné par des conspirations et des soulèvements de toutes sortes : troubles sociaux et religieux, agitation des princes, révolte des Gallois. Tout au long de son règne, il fut contraint de négliger les affaires du continent. Monté sur le trône en 1413, son fils, Henri V, prince énergique et ambitieux, bénéficia d'une situation plus favorable et décida de relancer la lutte contre la France en réclamant l'application du traité de Brétigny. Après s'être fait voter d'importants subsides, il réunit une puissante armée et franchit la Manche au milieu de l'été 1415.

En proie à la guerre civile et à la crise économique, la France du roi fou se trouvait en complète anarchie. Henri V sut en profiter. Son triomphe à Azincourt, puis l'assassinat du duc de Bourgogne à Montereau, quatre ans plus tard, enfin le désastreux traité de Troyes, ratifié en 1420, ne firent qu'aggraver cette situation pitoyable. S'ouvrit alors pour le pays une décennie particulièrement sombre. Les Anglais étaient au cœur du royaume ; l'héritier légitime avait été évincé du trône au profit du roi d'Angleterre ; la reine mère et le premier prince du sang avaient trahi la cause nationale. Partout sévissaient la misère, la peur, le découragement et le brigandage des hommes d'armes. C'est alors que vint Jeanne d'Arc.

△ **La guerre chevaleresque.** Au plus fort du conflit franco-anglais, malgré l'emploi de mercenaires, les ravages des routiers et le recours à l'artillerie, de nombreux épisodes opposèrent dans des combats de petits groupes, selon les règles les plus pures de la chevalerie, des seigneurs français et anglais. De part et d'autre de la Manche, en effet, l'aristocratie était pareillement nourrie des exploits légendaires des chevaliers de la Table ronde et cherchait à se comporter comme Gauvain (à gauche) ou Lancelot (au centre). Miniature du début du XVe siècle. Paris, Arsenal.
Phot. Giraudon.

D'Azincourt à Jeanne d'Arc

Aux horreurs de la guerre civile s'étaient donc ajoutées, à partir de 1412 puis, surtout, de 1415, celles de la guerre étrangère. Ce fut pendant le mois d'août de cette année-là que recommença la première offensive anglaise de grande envergure sur le sol français. Au lieu de débarquer en Guyenne, à Calais ou dans le Ponthieu, le roi d'Angleterre Henri V débarqua en pleine embouchure de la Seine, au Chef-de-Caux, dans la nuit du 13 au 14 août. Un mois plus tard il s'emparait de Harfleur, où une garnison anglaise fut installée tandis que la plupart des habitants étaient expulsés. Mais Henri V avait perdu devant cette place une partie de son armée et le reste souffrait de la dysenterie. Il préféra ne pas insister et se retirer vers Calais afin de rembarquer au début de l'automne pour l'Angleterre. Après avoir traversé le pays de Caux, l'armée anglaise eut beaucoup de difficultés à franchir la Somme et les marais alentour. Elle finit par y parvenir, mais, le 24 octobre, alors qu'elle tentait de remonter au plus vite vers le nord, sous une pluie diluvienne, elle se trouva en présence de l'armée française, sur le plateau d'Artois, à Azincourt. La bataille, que le roi d'Angleterre ne souhaitait pas, eut lieu le lendemain.

Azincourt. Après le débarquement anglais, la noblesse du royaume de France avait, en effet, répondu avec enthousiasme à l'appel pressant de Bernard d'Armagnac, principal chef du parti du même nom. Seul le duc de Bourgogne, Jean sans Peur, qui avait conclu avec le roi d'Angleterre une trêve particulière, s'était abstenu. Mais ses deux frères avaient rejoint l'armée royale, comme du reste presque tous les princes du sang. C'était une cohue féodale, disposant d'une large supériorité numérique que l'étroitesse du front de combat rendit inutile. Sa réunion avait été laborieuse et tardive, et les princes s'étaient montrés imprudents et maladroits. Fiers du nombre et de la valeur de leurs gens, appartenant pour la plupart à la noblesse, ils avaient refusé l'aide des milices communales, pourtant si utiles contre les redoutables archers anglais. Comme à Crécy et à Poitiers, l'armée française était animée d'une folle et stupide bravoure chevaleresque, totalement anachronique et qui se révéla désastreuse. Elle possédait des canons que, par une sorte d'orgueil démesuré, elle n'utilisa pas, ne comptant que sur les lances et les épées de ses chevaliers.

Le connétable Charles d'Albret essaya de diviser l'armée en trois corps, devant attaquer successivement. Mais les princes et les seigneurs voulurent tous prendre place dans le premier corps afin de frapper les Anglais dès le début du combat. Pour ce faire, bon nombre d'entre eux passèrent la nuit, pluvieuse et glaciale, dans leurs lourdes armures métalliques, au milieu d'un véritable marécage où le froid et la boue retenaient les hommes et les chevaux. Les Anglais, au contraire, préparaient leurs armes, s'adaptaient à la pluie, mettaient des cordes neuves et sèches à leurs arcs,

△ **Jean sans Peur,** duc de Bourgogne. Maître du jeu politique à l'intérieur du royaume, il fut assassiné alors qu'il tentait de se rapprocher du Dauphin. Portrait anonyme peint en Flandre au milieu du xve siècle. Chantilly, musée Condé.
Phot. Giraudon.

La bataille d'Azincourt (25 octobre 1415) ▷ fut probablement — toutes proportions gardées — la plus lourde défaite jamais subie par une armée française. Outre ses conséquences politiques et militaires, elle eut de profondes et durables répercussions sociales : sur le champ de bataille s'éteignirent la plupart des lignées féodales du royaume. Miniature du xve siècle. B. N.
Phot. Tallandier.

Le luxe vestimentaire au ▷ début du xve siècle. Malgré la guerre, la crise économique, la misère du royaume et le désordre politique, la vie de cour connut dans le premier quart du xve siècle un faste rarement égalé. Les princes semblaient vouloir oublier les malheurs du temps dans les fêtes et les plaisirs, et le costume devint l'expression privilégiée du luxe et de l'extravagance. La miniature reproduite ici est tirée de l'un des plus beaux manuscrits que le Moyen Âge nous ait laissés : *Térence des ducs,* manuscrit contenant les œuvres de Térence, peint vers 1410 pour le duc de Guyenne, fils aîné de Charles VI, et possédé ensuite par son grand-oncle le duc de Berry. Bibliothèque de l'Arsenal.
Phot. de la bibliothèque.

semaient des pieux devant leurs lignes de bataille. Le lendemain, le 25 octobre, l'ost français, figé dans la boue, subit le plus grand désastre de son histoire. La mêlée fut encore plus affreuse et plus sanglante qu'à la bataille de Poitiers, en 1356. Les coutiliers anglais n'eurent aucun mal à se frayer un passage au milieu des chevaliers français, renversés pêle-mêle avec leurs chevaux, et à les égorger sans pitié suivant les ordres donnés par Henri V. Pour le roi d'Angleterre, en effet, la lutte contre la France, qui dans le conflit du Grand Schisme soutenait l'antipape d'Avignon, avait des allures de croisade. Il se proclamait envoyé de Dieu pour mettre fin aux « désordres, péchés, voluptés et mauvais vices que l'on voyait au triste royaume de France ».

La déroute française fut totale, et le nombre des morts considérable. Chevaliers et soldats gisaient par milliers sur le champ de bataille, ainsi que la plupart des seigneurs bannerets et le connétable Charles d'Albret lui-même. Au nombre des morts figuraient également sept princes du sang, ainsi que les ducs Antoine de Brabant et Édouard de Bar. C'était une hécatombe, d'autant que la plupart des blessés et des prisonniers avaient été achevés le jour même ou le lendemain. Seuls, parmi les prisonniers, les ducs Charles d'Orléans et Jean Ier de Bourbon, les comtes d'Eu, de Vendôme et de Richemont et quelques riches seigneurs avaient été épargnés en raison des énormes rançons que l'on espérait en tirer. Ainsi, sur le champ de bataille d'Azincourt, les trois quarts, au moins, des lignées nobles du royaume de France s'éteignirent et n'eurent plus de descendance du côté des mâles. À la défaite militaire et politique s'ajoutait une extermination dynastique et sociale dont les conséquences furent durables.

Toutefois, du seul point de vue militaire, Azincourt ne fut pas plus décisif que Crécy en 1346. Henri V n'exploita pas immédiatement sa victoire, notamment en raison des conditions climatiques épouvantables ; il préféra rembarquer à Calais, le 16 novembre. Il fut reçu à Londres triomphalement quelques jours plus tard.

L'assassinat de Jean sans Peur. Au lendemain du désastre d'Azincourt, le duc de Bourgogne aurait pu s'emparer de Paris et du roi Charles VI. Mais Bernard d'Armagnac, « vrai diable sous fourrure d'homme », comme le décrit un chroniqueur favorable aux Bourguignons, organisa énergiquement la résistance. Il se fit nommer connétable de France, rassembla les débris de l'armée royale, acheta des vaisseaux aux

Génois et tenta, vainement, de délivrer Harfleur. Mais l'argent manquait ; il fallut plus que jamais recourir aux dévaluations monétaires et aux emprunts forcés. Bien que cherchant à défendre l'honneur du pays, le parti Armagnac et son chef devenaient de plus en plus impopulaires. À Paris, où Bernard d'Armagnac était maître du gouvernement, du roi et du nouveau Dauphin, le futur Charles VII, l'ordre ne pouvait être maintenu qu'en recourant à des méthodes tyranniques et brutales qui excédaient la population. Les Bourguignons surent profiter de la situation. Avec l'appui de la reine Isabeau, réfugiée à Troyes, ils vinrent assiéger la capitale et réussirent à s'en emparer, par ruse, le 29 mai 1418.

Désormais le roi et l'administration étaient sous le contrôle des Bourguignons. Toutefois, le Dauphin était parvenu à s'échapper, grâce à l'intervention du prévôt de Paris, Tanguy Du Châtel, et à rejoindre Bourges où il organisa un contre-gouvernement. À Paris, de nombreux Armagnacs furent assassinés, et, parmi eux, le connétable Bernard, arrêté le jour même de l'entrée des Bourguignons dans la capitale. Massacres et pillages ne prirent fin que deux mois plus tard, après le retour dans la ville du duc de Bourgogne et de la reine Isabeau.

L'élimination des Armagnacs de Paris n'avait cependant pas mis fin à la guerre civile. Certes, Jean sans Peur était théoriquement maître de toute la France du Nord, mais de nombreux territoires et plusieurs villes, telles Meaux et Melun, lui échappaient et soutenaient le dauphin de Bourges. D'autre part, la guerre anglaise avait repris. Profitant des querelles entre Armagnacs et Bourguignons, Henri V était revenu en France dès le 1er août 1417. Il assiégea aussitôt Caen et s'en empara, après un siège difficile, auquel mit fin la capitulation du château le 20 septembre de la même année. Rouen succomba à son tour le 19 janvier 1419, ce qui mit

◁ **Entrée des Bourguignons à Paris (1418).** Les deux principaux emblèmes des Bourguignons étaient le « briquet » (pierre à feu stylisée en forme de B) et la croix de saint André (sautoir). Miniature de la fin du XVe siècle. B. N.
Phot. B. N.

△ **Assassinat de Jean sans Peur au pont de Montereau,** au confluent de la Seine et de l'Yonne (1419). Ce meurtre pesa sur toute la politique européenne pendant plus d'un quart de siècle. Miniature du XVe siècle. Bibliothèque de l'Arsenal.
Phot. B. N.

pratiquement un terme à la conquête de la Normandie. Château-Gaillard fut la dernière place à se rendre en décembre 1419. Seul Le Mont-Saint-Michel restait français dans cette province.

Effrayé par l'avance anglaise, Jean sans Peur chercha à se rapprocher du Dauphin et de son entourage. Une première entrevue eut lieu près de Corbeil, alors que Henri V venait de prendre Pontoise et s'approchait dangereusement de Paris. Le duc de Bourgogne fit sortir le roi et la reine de la capitale et les fit envoyer à Troyes. Puis il décida une nouvelle rencontre avec le Dauphin, à Montereau, le 10 sep-

△ **Philippe le Bon recevant l'hommage du livre de Martin Le Franc,** *le Champion des Dames.* Le troisième duc de Bourgogne de la maison de Valois fut un mécène et un grand bibliophile. Pendant son règne, la peinture flamande atteignit son apogée, dans les livres comme sur les panneaux de bois et les tableaux de chevalet. Miniature du XVe siècle. Bibliothèque royale de Belgique, Bruxelles.
Phot. de la bibliothèque.

tembre 1419. Cette seconde entrevue lui fut fatale.

La suite du Dauphin était logée dans le château de Montereau, tandis que celle du duc de Bourgogne était installée dans la ville. On avait construit au milieu du pont sur l'Yonne une sorte de loge en bois, garantie par des barrières, où devait avoir lieu la rencontre des deux princes. Jean sans Peur ne prit pas garde que la barrière qui le séparait de son escorte était traîtreusement refermée derrière lui. Après une vive altercation au sujet des clauses d'un nouvel accord, il s'engagea une rixe au cours de laquelle l'assassin du duc Louis d'Orléans fut abattu à coups de hache par les hommes de l'entourage du Dauphin. Ce meurtre, prémédité ou non, constituait une faute politique extrêmement grave, favorisant la recrudescence de la guerre civile et risquant de livrer la France aux Anglais.

Le traité de Troyes. À la nouvelle du meurtre, tout le parti bourguignon se regroupa autour du nouveau duc de Bourgogne, Philippe le Bon. Celui-ci, après avoir longuement et sincèrement pleuré la mort de son père, jura de tout faire pour écarter de la couronne de France celui qu'il tenait pour responsable de l'assassinat, le dauphin Charles. Après s'être accordé avec la reine Isabeau, il entama, dès novembre 1419, des négociations afin de conclure une nouvelle alliance avec Henri V. Pour sceller définitivement la paix entre les deux royaumes, le roi d'Angleterre présenta aux envoyés de la reine et du duc de Bourgogne une revendication imprévue : la seule solution qui, désormais, pourrait le conduire à accepter la paix était l'obtention pour lui-même de la couronne de France. Toutefois, il ne s'agissait pas de fondre l'Angleterre et la France en un seul État, comme avait prétendu le faire autrefois son arrière-grand-père Édouard III, mais de réaliser sur sa tête et sa personne propre l'union des deux couronnes, chaque royaume conservant ses propres institutions et pratiques gouvernementales. Isabeau, qui ne s'attendait de la part de Henri V qu'à des exigences territoriales, fut effrayée d'une telle prétention et songea à rompre les négociations. Plus réaliste, plus calculateur aussi, le duc de Bourgogne estima qu'une telle solution, qui ramenait la paix et qui éloignait le Dauphin du trône, était un moindre mal. Il s'y résigna donc et entraîna dans cette voie la reine, qui, financièrement, était aux abois et qui, politiquement, ne pouvait pas se passer de l'aide bourguignonne.

Inaugurés en décembre, les pourparlers n'aboutirent qu'au printemps suivant. Le traité fut conclu et ratifié à Troyes, le 21 mai 1420. Henri V devait épouser la jeune Catherine de France, fille d'Isabeau et de Charles VI. À la mort de ce dernier,

◁ **Mariage d'Henri V et de Catherine de France,** fille de Charles VI (1420). Cette union était l'application d'une des clauses du traité de Troyes. Devenue veuve deux ans plus tard, après avoir donné naissance au roi d'Angleterre Henri VI (1421-1471), Catherine se remaria avec Owen Tudor, prince gallois, tige de la maison des Tudor, qui monta sur le trône d'Angleterre à la fin du XVe siècle. Dessin du XVe siècle. British Museum. *Phot. British Museum.*

△ **Retour d'Henri V à Paris (4 juillet 1421).** Le roi d'Angleterre, qui était retourné passer l'hiver à Londres, reprit ses campagnes victorieuses l'été suivant. Pendant un an, il alla de succès en succès, et seule la maladie, apparue au printemps 1422, l'empêcha de parachever sa conquête de tout le royaume de France. Miniature de la fin du XVe siècle. B. N. *Phot. B. N.*

la couronne et le royaume lui reviendraient perpétuellement, à lui et à ses héritiers ; en attendant, il exercerait une régence de fait, gouvernant le royaume avec les conseillers bourguignons de Charles VI. En outre, il conservait pour lui-même, à titre d'apanage, le duché de Normandie et la suzeraineté directe de la Bretagne, donc le duc lui devait hommage lige. En retour, Henri V s'engageait à respecter les usages, droits et privilèges du royaume de France et à prendre conseil du duc de Bourgogne pour en assurer l'administration. Enfin le « prétendu » Dauphin, Charles, était déshérité en raison de ses « horribles et énormes crimes et délits » ; tous ceux qui rejoignaient son parti étaient considérés comme rebelles.

Le mariage d'Henri V et de Catherine de France fut célébré au début du mois de juin. L'Université de Paris approuva le traité, le parlement l'enregistra et des états « généraux », où ne siégèrent que des députés venant des régions situées au nord de la Loire, le ratifièrent. Le Parlement anglais fit de même, à Westminster, le 2 mai 1421.

Dans la partie du royaume placée sous contrôle bourguignon, le traité ne suscita pas de protestation. Pour beaucoup, il semblait devoir ramener la paix et cela était suffisant. Dans les régions fidèles au Dauphin, en revanche, il n'y eut aucun ralliement aux décisions de Troyes. La France n'était pas vraiment livrée aux Anglais, comme l'ont écrit bon nombre d'historiens de l'époque moderne, et notamment Michelet, mais elle se trouvait partagée entre deux camps se vouant une inimitié en apparence irréductible.

Le roi de Bourges. Henri V n'eut guère le temps de profiter de ses succès militaires et diplomatiques, les plus grands qu'un roi d'Occident ait obtenus depuis plusieurs siècles. Alors qu'il s'apprêtait à conduire la guerre vers les régions tenues par les troupes delphinales, au printemps 1422, il fut atteint, selon l'expression du temps, par la « grosse et terrible maladie de monseigneur saint Fiacre : un flux de ventre merveilleux avec hémorroïdes ». C'était une hémorragie intestinale. Il en mourut à Vincennes, le 31 août 1422, âgé seulement de trente-cinq ans, laissant le souvenir d'un chef de guerre implacable et d'un prince fier et austère, soucieux de son honneur, de ses intérêts, mais aussi d'ordre et de justice.

Charles VI ne lui survécut que quelques semaines. Roi depuis quarante-deux ans, atteint de démence depuis plus de trente ans, il s'éteignit le 21 octobre 1422, après un règne pitoyable, abandonné de tous

△ **Funérailles d'Henri V.** Le roi mourut le 31 août 1422, alors qu'il n'avait que 35 ans. Le 16 septembre, un service funèbre eut lieu à Saint-Denis, puis un cortège conduisit sa dépouille jusqu'en Angleterre. Au début du mois de novembre il fut inhumé dans l'abbaye de Westminster. Cette miniature de la fin du XVe siècle attribue à Henri V les seules armes d'Angleterre, alors qu'il portait bien de son vivant des armoiries écartelées de France et d'Angleterre, comme l'ont fait tous ses prédécesseurs et successeurs de 1337 à 1802. B. N. *Phot. B. N.*

Funérailles de Charles VI. Le pauvre roi fou ne survécut que quelques semaines au roi d'Angleterre, son gendre. Il mourut le 21 octobre 1422, abandonné de tous, âgé seulement de 53 ans mais paraissant un vieillard. Le seul prince présent pour ses funérailles fut le duc de Bedford, frère d'Henri V et régent du royaume. Ce fut là comme un symbole : à la fin de ce règne tragique, la France était au fond de l'abîme. Miniature de la fin du XVe siècle. B. N. *Phot. B. N.* ▷

dans son hôtel de Saint-Paul et dans un grand dénuement. Le seul prince qui suivit le cortège de ses funérailles fut le duc Jean de Bedford, frère du feu roi d'Angleterre et désormais régent du royaume de France.

Henri V n'avait, en effet, laissé pour lui succéder qu'un fragile enfant de dix mois, Henri VI, que venait de lui donner Catherine de France. Pour l'Angleterre s'ouvrait une longue période de minorité, le jeune roi étant placé sous la tutelle théorique de son oncle, le duc Hymphrey de Gloucester, « protecteur du royaume », et surtout sous l'autorité de fait des trois oncles du souverain défunt : les Beaufort. Dans le royaume de France, c'était Jean de Bedford qui exerçait la régence au nom de Henri VI, reconnu comme roi suivant les clauses du traité de Troyes, par sa grand-mère Isabeau et par le duc de Bourgogne, par le parlement et par l'Université. L'Île-de-France, la Normandie, la Picardie, l'Artois, la Flandre, la Champagne et toutes les provinces soumises à l'influence anglo-bourguignonne s'armèrent pour défendre sa cause. Il avait pour lui la force et, au moins, l'apparence du droit.

En face, lui contestant la couronne, l'ancien dauphin Charles, devenu pour ses partisans le roi de France Charles VII, était un pauvre prince de dix-neuf ans, timide et de médiocre intelligence, incertain de

sa légitimité depuis que sa mère l'avait dépouillé de son héritage et déclaré « soi-disant dauphin ». On l'appelait par dérision « le roi de Bourges », du nom de la ville où il avait installé son gouvernement. Les contemporains, y compris certains de ses partisans, ne l'aimaient guère, car il paraissait physiquement dégénéré, indigne de la noble race des Valois, ne pouvant supporter le poids d'une armure, n'aimant ni la chasse ni la guerre, ayant peur et se cachant de tout, indolent, incertain et surtout fort mal conseillé. Il était toutefois reconnu comme roi de France dans la plupart des provinces du centre et du sud du royaume : le Berry, la Touraine, le Poitou, l'Orléanais, le Dauphiné, le Languedoc et même la Guyenne. Mais il manquait d'argent et n'avait pour armée que les débris des troupes du parti armagnac, ainsi que quelques bandes d'aventuriers et de mercenaires, qui faisaient campagne en

◁ **Le dauphin Charles apprenant la mort de son père (1422).** Réfugié au sud de la Loire, où il menait une vie indolente et futile, le futur Charles VII était un prince timide et dissimulé, maladif, irrésolu, doutant de lui-même et de sa légitimité depuis le traité de Troyes. Il mit de longues années avant de prendre réellement conscience de son rang et de ses devoirs. Miniature du XVe siècle. B. N.
Phot. B. N.

Grand sceau de Charles VII. Malgré la faiblesse de son pouvoir réel, le roi de Bourges se fit graver dès 1423 un sceau le représentant comme ses prédécesseurs assis en majesté, revêtu de tous les insignes de la monarchie, notamment la couronne, le sceptre et la main de justice. Pour un roi, quel qu'il fût, l'image sigillaire restait la seule qui puisse voyager et être vue aux quatre coins de la chrétienté. ▷
Phot. Lauros-Giraudon.

Seigneurs anglais se moquant du « petit roi de Bourges ». Dès l'automne 1422, la France eut deux rois, celui de Paris (Henri VI) et celui de Bourges (Charles VII). Aucun n'avait été sacré. Paris et la majeure partie de la France du Nord reconnaissaient le premier, tandis que le second « régnait » sur le Centre et une partie des régions méridionales. Miniature de la fin du XVe siècle. B. N. ▽
Phot. B. N.

△ **Bataille de Cravant-sur-Yonne (1423).** L'anarchie et les querelles de personnes qui divisaient la cour de Charles VII facilitèrent les succès politiques et militaires du duc de Bedford. À Cravant puis à Verneuil, l'armée du roi de Bourges, bien qu'elle fût renforcée par des contingents écossais, subit deux défaites désastreuses. Miniature de la fin du XVe siècle. B. N. *Phot. B. N.*

Les trois morts et les trois vifs. La mort tint une place considérable dans les livres d'heures de la fin du XIVe siècle et du début du XVe. Ici une miniature tirée des *Petites Heures* du duc de Berry, peintes vers 1390. B. N.
Phot. B. N. ▽

son nom. Ils furent battus à plusieurs reprises par les armées anglo-bourguignonnes, notamment à Cravant en 1423 et à Verneuil en 1424, où de nombreux seigneurs partisans de Charles VII trouvèrent la mort.

La France était alors dans une situation désespérée. Aux troubles politiques et militaires s'ajoutaient les difficultés écono-

Bataille de Verneuil (1424). Les Anglais faillirent perdre cette bataille en raison de la trahison d'une partie de leurs alliés normands. Mais les chefs de guerre de Charles VII ne surent pas en profiter. Miniature de la fin du XVe siècle. B. N. ▷
Phot. B. N.

miques et les misères de la guerre. Le peuple hésitait entre les deux rois et ne savait plus de quel côté était le bon droit. Il souffrait du brigandage et des pillages de tous les hommes d'armes, de quelque parti qu'ils fussent. Et, partout, la présence étrangère était mal supportée. Malgré les grandes qualités du duc de Bedford, politicien habile et administrateur sage, la régence anglaise restait impopulaire, même dans les villes du Nord, où l'on voulait bien

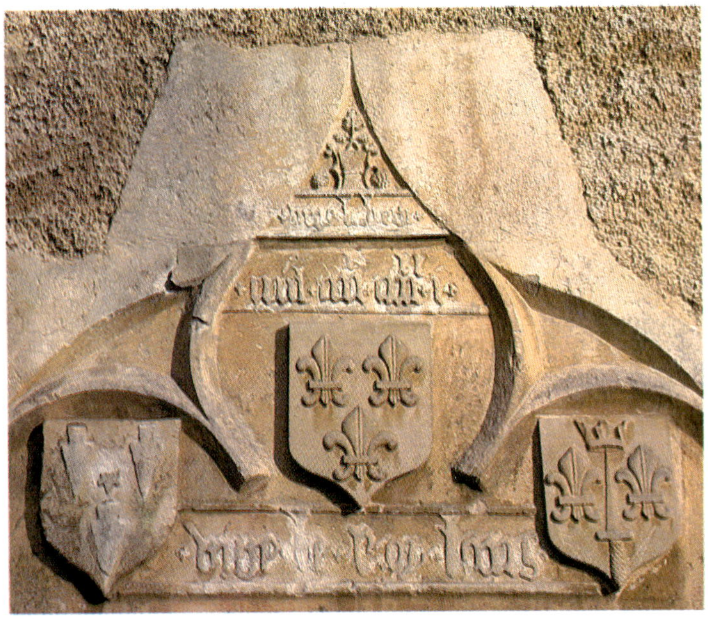

La maison natale de ▷ Jeanne d'Arc : armoiries sculptées au-dessus de la porte. Jeanne ne porta pas d'armoiries. Mais ses deux frères, Jean et Pierre, qui vinrent combattre à ses côtés, s'en virent concéder par Charles VII, à une date qui n'est pas connue. Cette concession autorisait les frères d'Arc à placer dans leur écu une épée accostée de deux fleurs de lis et soutenant une couronne (écu de droite sur l'image).
Phot. Francis Jalain-Explorer.

◁ **Maison natale de Jeanne d'Arc à Domrémy.** Le village, aujourd'hui situé dans le département des Vosges, était au XVe siècle à cheval sur la Champagne et le Barrois. Un ruisseau séparait les deux mouvances, et, au XIXe siècle, des polémiques passionnées eurent lieu pour savoir de quel côté se trouvait la maison de la Pucelle. Ce n'était en tout cas pas en Lorraine, bien que cette province fût toute proche.
Phot. Francis Jalain-Explorer.

Jeanne conduite auprès ▷ de Charles VII. Partie de Vaucouleurs le 13 février 1429, accompagnée de six hommes d'armes fournis par Baudricourt, Jeanne fut précédée à la cour de Chinon par la nouvelle de sa venue prochaine. L'entourage de Charles VII était tout à la fois curieux et méfiant, mais guère étonné d'une telle démarche : les rois médiévaux recevaient souvent des visionnaires ou des illuminés, qui prétendaient leur apporter des secrets ou leur prédire l'avenir. Miniature de la fin du XVe siècle. B. N.
Phot. B. N.

accueillir des garnisons bourguignonnes, mais où l'on refusait souvent d'ouvrir les portes à celles des Anglais.

Jeanne d'Arc. Petit à petit, cependant, la domination anglaise gagnait du terrain vers la rive gauche de la Loire. Le 12 octobre 1428, une armée forte au plus de 3 500 à 5 000 combattants et non de 10 000 hommes, comme le prétend le chroniqueur Monstrelet, commandée par le comte de Salisbury, vint assiéger Orléans, clef des provinces du Centre. Dans l'esprit du duc de Bedford, cette opération devait être décisive, la chute de la ville signifiant celle de Charles VII. Au début de 1429, la résistance d'Orléans, affamée et bombardée, faiblissait et paraissait ne pas pouvoir se prolonger, malgré l'énergie des habitants et de leur chef, Dunois, fils bâtard du duc Louis d'Orléans. Le roi de Bourges n'était pas en mesure de secourir la ville. Partout l'argent manquait, les soldats se faisaient rares et la confiance avait disparu.

Ce fut alors qu'à Charles VII, en résidence temporaire au château de Chinon, se présenta une jeune fille, lui annonçant qu'elle était envoyée par Dieu pour chasser ses ennemis et lui rendre son royaume. Elle arrivait en droite ligne de la petite ville de Vaucouleurs, à la lisière de la Champagne, de la Lorraine et du Barrois, et elle disait se nommer Jeanne d'Arc.

Jeanne était en effet la cinquième enfant de Jacques d'Arc et d'Isabelle Romée, cultivateurs aisés du village de Domrémy, qui dépendait de la seigneurie de Vaucouleurs. Son enfance avait été celle d'une petite fille de la campagne, occupée à coudre, à filer et aux tâches domestiques. Tout le monde vantait sa douceur, sa bonté et surtout sa grande piété. Elle avait connu, comme tous les habitants de sa région, des heures difficiles, conséquence des guerres qui ravageaient la France : alors que le châtelain de Vaucouleurs, Robert de Baudricourt, restait fidèle au roi de Bourges, et que les troupes anglo-bourguignonnes s'en vengeaient en saccageant la contrée, elle avait vu de près les misères de la guerre. Sa nature sensible s'était prise d'une grande pitié pour la terre de France ravagée par l'étranger et pour le « gentil Dauphin » (c'est ainsi qu'elle appelait Charles VII) abandonné et déshérité.

Cependant, pour l'amener à quitter son village et à se rendre auprès du roi, il avait fallu chez cette jeune fille de dix-sept ans la conviction profonde que Dieu lui-même l'exigeait d'elle et la désignait pour sauver le souverain : dès l'âge de treize ans, pour la première fois, suivant sa propre déclaration, « sur l'heure de midi, pendant l'été, dans le jardin », une « voix de Dieu » l'avait exhortée à partir, et, depuis ce jour, cette exhortation avait été fortifiée par des

visions de plus en plus fréquentes, où lui apparaissaient ses saints préférés, Michel, Catherine et Marguerite. Au début, Robert de Baudricourt, croyant avoir affaire à une aventurière intrigante, la reçut fort mal. Elle ne se découragea pas, et, à Vaucouleurs, où le bruit de ses visions s'était répandu, son assurance et la foi qui semblait la porter lui gagnèrent une partie de l'opinion publique. Aussi, quand arriva la nouvelle de la grande détresse où se trouvait la ville d'Orléans, Baudricourt lui-même estima qu'il n'était plus possible de mépriser aucune chance de secours, si surprenante fût-elle. Il autorisa Jeanne à se diriger vers la Touraine, lui donna une petite escorte et, non sans réticences, des lettres de recommandation. Les habitants, de leur côté, se cotisèrent pour lui fournir un cheval ainsi qu'un habit d'écuyer, qui lui permettrait de circuler plus anonymement sur les routes de Champagne, de Bourgogne et de l'Orléanais. Elle partit le 13 février 1429, accompagnée de six cavaliers armés. Après dix jours d'un voyage dangereux, elle arriva le 23 février à Chinon, en Touraine.

◁ **Arrivée de Jeanne à Chinon.** La Pucelle fut bien accueillie, mais la méfiance de Charles VII et de son entourage fut longue à se dissiper. Mise en observation, examinée, surveillée, Jeanne fut harcelée de questions, auxquelles il lui fallut répondre sereinement alors qu'elle était impatiente de recevoir du roi la mission d'aller délivrer Orléans. Tapisserie tissée dans la région de Nuremberg vers 1460-1480. Orléans, musée historique.
Phot. Lauros-Giraudon.

Entrevue de Jeanne et de Charles VII. Elle eut lieu le 25 février 1429, en présence des principaux conseillers du roi, qui lui furent d'abord hostiles. Au reste, jusqu'à la mort de Jeanne, Charles VII sembla toujours conserver un soupçon d'indifférence incrédule devant la jeune fille et les événements qu'elle provoquait. Miniature du XVe siècle. Bibliothèque municipale de Rouen. ▷
Phot. Lauros-Giraudon.

La délivrance d'Orléans. Le premier mouvement de Charles VII et de son entourage fut évidemment la défiance : lorsque Jeanne fut admise, non sans peine, à rencontrer le roi dans la grande salle du château, celui-ci ne se fit pas reconnaître immédiatement et, craignant un attentat, se dissimula derrière les premiers rangs de l'assistance. Mais « la Pucelle » — comme on commençait déjà de la nommer — alla droit à lui, annonçant à haute voix sa mission : « Je vous apporte des nouvelles de Dieu et vous annonce que Notre Seigneur vous rendra votre royaume de France, vous fera couronner à Reims et chassera vos ennemis de la terre de France. Mettez-moi hardiment à l'œuvre. Je lèverai le siège d'Orléans. »

Il y avait dans ces propos de quoi déconcerter fortement le roi et ses conseillers. Les princes recevaient fréquemment la visite d'illuminés de toutes sortes, et Jeanne semblait n'en être qu'une parmi d'autres. Cependant, le seul fait de l'avoir

reçue à plusieurs reprises attestait le désarroi de Charles VII et des siens. Ils finirent par être convaincus du caractère divin de la mission de la jeune fille, qui avait par ailleurs favorablement impressionné une commission de théologiens et de canonistes réunie à Poitiers. À la cour de Chinon, Jeanne eut même des partisans enthousiastes, comme le jeune duc d'Alençon. Les conseillers les plus mesurés, ou les plus sceptiques, jugèrent eux-mêmes qu'il n'y avait pas grand-chose à perdre à recourir à ses services. Elle reçut donc l'équipement d'un homme d'armes et partit rejoindre une armée qui s'était concentrée près de Blois pour porter secours à Orléans.

Avec une tranquille audace, Jeanne fit porter à Bedford et aux capitaines anglais qui se trouvaient devant Orléans une lettre les sommant « au nom du roi du Ciel » de lever le siège de la ville. Cela n'émut guère les Anglais. Mais l'avant-garde de l'armée de secours, avec qui se trouvait la Pucelle, réussit à pénétrer dans la cité le 29 avril. La population fit à Jeanne un accueil enthousiaste et reprit courage. Le reste de l'armée arriva les jours suivants et livra aux Anglais des combats acharnés. Bien qu'écartée du commandement, Jeanne se battit avec beaucoup de courage et d'efficacité. Dès le 8 mai, le chef anglais Suffolk devait lever le siège. Orléans était délivrée.

Cette délivrance « miraculeuse » avait certaines explications logiques : l'épuisement des Anglais, qui, en outre, dès le début du siège, avaient perdu leur meilleur capitaine, le comte de Salisbury, mais aussi la bravoure des chefs de guerre français, animés, pour une fois, du même esprit de victoire. Le rôle joué dans la bataille par la jeune paysanne nullement préparée à une telle besogne restait cependant un fait extraordinaire. Les habitants d'Orléans, les soldats qui l'avaient vue à l'œuvre et le roi Charles VII lui-même attribuèrent à Jeanne et à sa mission divine tout le mérite de cette victoire. Rien de tel n'avait encore jamais été vu dans l'histoire de la chrétienté occidentale.

◁ **Le siège d'Orléans.** La ville était une des principales places fortes du royaume, et elle s'était récemment dotée d'une artillerie neuve de plus de soixante canons. C'était, en outre, une des cités les plus riches de France, et ses habitants n'hésitèrent pas à mettre leur fortune et leurs vivres en commun. Tout cela explique leur héroïque résistance pendant l'interminable siège. Miniature de la fin du XVe siècle. B. N.
Phot. B. N.

△ **La journée des Harengs (12 février 1429).** Les Anglais faisaient le blocus de la ville pour tenter d'affamer ses habitants. L'armée anglaise, en revanche, était régulièrement ravitaillée. L'un des convois de ravitaillement, chargé de harengs, suscita la convoitise des Orléanais qui tentèrent une sortie pour s'en emparer. Malgré leur nombre supérieur, ils échouèrent. Miniature de la fin du XVe siècle. B. N.
Phot. B. N.

Jeanne d'Arc en armure, tenant son étendard. ▷ Ce portrait posthume, récemment découvert, est probablement assez fidèle. Nous savons que la Pucelle était blonde, qu'elle avait le teint clair et la bouche petite. L'étendard qui est représenté ici est celui qu'elle arborait lors du voyage du sacre et qu'elle avait fait réaliser selon les indications des voix du ciel. Miniature du XVe siècle. Archives nationales.
Phot. R. J. Segalat.

1429-1461 La fin de la guerre de Cent Ans

Le 8 mai 1429, l'armée anglaise levait le siège d'Orléans. La nouvelle et la joie de la délivrance de la ville se communiquèrent rapidement à l'ensemble du royaume. Cette joie fut d'autant plus grande que les Anglais, démoralisés, perdirent également Jargeau et Beaugency ; et, le 18 juin, ils furent défaits à Patay, où leur grand capitaine Talbot fut fait prisonnier. Ces victoires ne mirent cependant pas fin à la guerre. Celle-ci dura encore vingt-quatre ans. Mais elles portèrent un rude coup aux Anglais : pour la première fois depuis très longtemps le combat changeait d'âme. L'intervention de Jeanne d'Arc paraissait donner aux récents combats, et particulièrement à la délivrance d'Orléans, le caractère d'un jugement de Dieu. Il fallait en profiter.

L'entourage de Charles VII était divisé sur la conduite à tenir. Certains chefs de guerre auraient voulu marcher sur Paris, toujours aux mains des Anglo-Bourguignons. D'autres préconisaient une attaque de grande envergure sur la Normandie, la province la plus chère au duc de Bedford. Tous se méfiaient de Jeanne d'Arc et en étaient plus ou moins jaloux. Mais celle-ci n'en avait cure et se montrait meilleure politicienne que les pâles conseillers du roi de Bourges. Elle avait senti l'importance que pourrait revêtir pour la cause du « Dauphin » (c'était toujours le nom qu'elle donnait à Charles VII) un sacre dans la cathédrale de Reims, selon le cérémonial traditionnel de la monarchie française. Toutefois, l'entreprise était périlleuse : pour gagner Reims, il fallait traverser des régions occupées par la soldatesque anglaise ou bourguignonne. Charles VII, encore étourdi par tant de victoires, hésitait. Jeanne sut le convaincre. La troupe royale se mit en route le 29 juin, passa la Loire à Gien et traversa en une longue chevauchée la Puisaye, le nord de la Bourgogne et la Champagne méridionale. Tout se révéla plus facile qu'on n'aurait pu le penser. Certaines villes, comme Auxerre, fermèrent leurs portes, mais d'autres, comme Troyes ou Châlons, se soumirent et chassèrent leur garnison. Le voyage fut relativement court. On arriva à Reims le 16 juillet. La cathédrale fut ornée à la hâte et, le 17 juillet, l'archevêque fit à Charles les onctions traditionnelles avec l'huile de la sainte ampoule, conservée en l'abbaye Saint-Remi de Reims. Jeanne se tenait près de lui, son fameux étendard à la main. Quand la cérémonie fut terminée, elle se jeta à ses genoux, pleurant à chaudes larmes.

Le rituel du sacre avait été quelque peu simplifié. Aucun des pairs laïques du royaume n'était présent. On ne savait pas quel serait l'avenir immédiat du nouveau souverain. Mais qu'importe ! La France avait enfin un vrai roi, oint du Seigneur.

◁**La bataille de Formigny (1450).** L'artillerie française, que Charles VII s'était attaché à rénover et à moderniser, et l'arrivée du connétable de Richemont (à gauche) avec une armée de renfort décidèrent de la victoire. La défaite des Anglais fut d'autant plus lourde qu'elle entraîna la perte de la Normandie qu'ils tenaient *de facto* depuis plus d'un siècle. Miniature du xve siècle. B. N.
Phot. B. N.

MÊME SIMPLIFIÉ, LE SACRE REVÊTAIT UNE IMPORTANCE POLITIQUE EXCEPTIONNELLE. Il apportait à Charles VII une légitimité incontestable, dont l'onction sainte était le témoignage le plus patent. Le dauphin était devenu roi véritable ; il n'avait plus à douter de lui-même, et personne ne pouvait nier son caractère sacré. Bedford et les Anglais le comprirent du reste fort bien : en vain tentèrent-ils de faire sacrer et couronner à Paris le jeune Henri VI, le 16 décembre 1431. C'était là un sacre au rabais : l'onction ne venait pas de la sainte ampoule, et la cérémonie ne s'était pas déroulée à Reims. En outre, il était trop tard. Il aurait fallu agir beaucoup plus tôt, dans les années 1425, et faire sacrer Henri VI à Reims. Cela était alors possible. Mais, curieusement, Bedford et son entourage ne semblèrent pas y avoir songé. À moins qu'ils n'eussent pas osé.

Le redressement de la France

L'échec devant Paris et le supplice de Jeanne d'Arc. Après le sacre, la situation de la France de Charles VII s'améliora. L'espoir revint. De partout, les soumissions et les hommages parvenaient au roi. Les villes encore occupées par l'ennemi semblaient, pour la plupart, incapables de résister longtemps à une offensive énergique. C'était en tout cas ce que pensaient Jeanne d'Arc et quelques capitaines désormais tout acquis à sa cause et prêts à la suivre jusqu'à la mort. Mais ils se heurtaient à l'inertie des conseillers de Charles VII, ceux-là mêmes qui avaient déconseillé le voyage du sacre à Reims. La vie des camps leur déplaisait et ils auraient préféré des négociations. Petit à petit ils reprirent leur ascendant sur le roi, lassé lui aussi et incapable de prendre une décision ferme. Les projets de la Pucelle parurent extrêmement dangereux et incertains. On diminua le nombre de ses soldats. On

△**Portrait de Charles VII par Jean Fouquet (vers 1450).** C'est le premier portrait à mi-corps et grandeur nature que la peinture occidentale ait conservé. Musée du Louvre.
Phot. Lauros-Giraudon.

l'empêcha de se livrer à toute opération militaire importante. Attitude surprenante, qui laissa aux Anglais le temps de se reprendre. Mais attitude qui s'explique aussi par le désordre administratif et financier qui sévissait dans le royaume de Bourges. Le gaspillage endémique et la campagne du sacre avaient vidé les caisses du Trésor. Demander aux États de nouveaux subsides semblait aléatoire. Car, si toute une partie du royaume était hostile à l'occupation anglaise, elle était aussi lasse de la guerre et des méfaits des gens de guerre. Passé les succès du printemps et de l'été, la plus grande partie des Français redevint indifférente, dans la mesure où la menace ennemie n'était plus pressante. Le manque d'énergie de Charles VII n'était en fait que le reflet de l'apathie de beaucoup de ses sujets.

Jeanne tenta alors de se battre seule. Mais, le 8 septembre, une attaque qu'elle porta contre Paris échoua totalement. Elle y fut blessée à la cuisse. Revenue dans la région de la Loire, elle ne fut pas plus heureuse dans le siège de La Charité-sur-Loire, que tenait le capitaine pro-anglais Perrinet Gressart. L'hiver fut sombre. Au printemps 1430, devant l'inertie du souverain, qui avait déjà commencé de négocier avec le duc de Bourgogne et qui souhaitait épargner Paris, Jeanne leva elle-même une bande de soldats et partit défendre Compiègne, attaquée par les troupes de Philippe le Bon. Elle réussit à entrer dans la ville et à en organiser la défense. Mais, le 23 mai, lors d'une sortie, elle fut attaquée par des forces très supérieures, battit en retraite, mais ne put rentrer dans la place. Cernée de toutes parts, jetée à bas de son cheval, elle fut contrainte de se rendre aux Bourguignons, en l'occurrence aux hommes de Jean de Luxembourg. Celui-ci, au mois de novembre suivant, la vendit aux Anglais pour la somme de

◁**Couronnement de Henri VI comme roi de France.** La cérémonie eut lieu à Notre-Dame de Paris, le 16 décembre 1431. Le jeune prince, âgé de dix ans, était déjà souverain de l'Angleterre et, selon le traité de Troyes (1420), l'héritier légitime du trône de France. Mais ce couronnement solennel, imaginé par Bedford, venait trop tard : depuis plus de deux ans Charles VII avait été sacré à Reims. Miniature du xve siècle. B. N.
Phot. B. N.

△**Jeanne d'Arc à cheval.** L'émotion suscitée par l'épopée de la Pucelle et sa fin tragique fut beaucoup moins grande qu'on ne l'a dit parfois. La plupart des contemporains ne surent jamais rien des aventures de Jeanne, et ceux qui furent mis au courant, par la rumeur ou par une information directe, eurent du mal à croire au caractère divin de sa mission. Même Français, ils penchaient davantage, comme Bedford et Philippe le Bon, pour voir en elle une sorcière. Miniature de la fin du xve siècle. Musée Dobrée, Nantes.
Phot. Lauros-Giraudon.

◁ **Jean de Luxembourg,** comte de Saint-Pol et de Ligny. Capitaine de Paris, chef de guerre bourguignon, ce fut lui qui vendit Jeanne aux Anglais, sans que Charles VII ait proposé la moindre transaction. Dessin du XVIe siècle.
Phot. Giraudon.

10 000 écus. Elle fut emprisonnée à Rouen. Charles VII n'avait rien fait pour tenter de la délivrer.

Commença alors le célèbre double procès qui dura près d'un an. Il fut entièrement conduit par un tribunal ecclésiastique, favorable aux Anglo-Bourguignons et présidé par l'évêque de Beauvais Pierre Cauchon. Les juges, tous français et tous clercs, avaient été triés avec soin parmi les fidèles de la cause hostile à Charles VII. C'était un véritable tribunal d'Inquisition. Les Anglais voulaient en effet établir que

△ **Échec de Jeanne d'Arc devant Paris (septembre 1429).** Après la campagne victorieuse du sacre et la cérémonie de Reims, Jeanne décida, contre l'avis de Charles VII, de venir assiéger Paris. Elle fut blessée d'une flèche reçue à la cuisse devant la porte Saint-Honoré, et malgré ses protestations ses soldats levèrent le siège de la capitale ; peut-être sur ordre du roi qui négociait alors avec le duc de Bourgogne, maître de Paris. Miniature de la fin du XVe siècle. B. N.
Phot. B. N.

Jeanne, contrairement à ses affirmations, n'était pas l'envoyée de Dieu, mais une sorcière inspirée par Satan. Pour eux c'était là le meilleur moyen d'avilir Charles VII, en démontrant qu'il avait eu recours à des pratiques diaboliques.

Harcelée de questions les plus diverses — on essayait d'arracher à son ignorance de paysanne des paroles imprudentes ou maladroites qui aurait pu l'accuser d'hérésie —, Jeanne déjoua tous les pièges et répondit avec une lucidité, une loyauté et un esprit de repartie qui étonnèrent ses amis comme ses ennemis. Elle n'en fut pas moins déclarée hérétique et, le 24 mai 1431, condamnée à l'emprisonnement perpétuel. Dans une cérémonie en plein air, au cimetière de l'abbaye Saint-Ouen de Rouen, la malheureuse, injuriée et menacée, dut approuver des aveux fictifs dont on lui fit lecture.

Les Anglais cependant ne se tenaient pas pour satisfaits : ils auraient souhaité la faire brûler tout de suite comme sorcière. Cauchon trouva alors un prétexte pour les contenter. Il suffisait, pour faire périr un hérétique, qu'il retombât dans une des fautes pour lesquelles il avait été condamné, c'est-à-dire qu'il devint relaps. Or, parmi les nombreux griefs invoqués contre Jeanne, figurait le fait d'avoir porté des habits d'homme. Ses geôliers, pendant son sommeil, lui enlevèrent donc ses habits de prisonnière et les remplacèrent par des

△**Jeanne d'Arc.** Ce modeste croquis, dessiné dans la marge d'un registre du parlement de Paris, est le seul portrait connu de la jeune fille exécuté de son vivant.
Phot. Larousse.

◁**Capture de Jeanne d'Arc sous les murs de Compiègne (23 mai 1430).** Ce fut au cours d'une timide sortie que la Pucelle tomba aux mains d'un archer picard, qui la livra à son seigneur, le bâtard de Wandonne. Celui-ci l'offrit à son maître Jean de Luxembourg, qui, six mois plus tard, la vendit aux Anglais. Miniature du xve siècle. B. N.
Phot. B. N.

habits masculins. À son réveil, elle fut bien obligée de les revêtir. Cauchon vint aussitôt vérifier le fait. Le tribunal, réuni pour un nouveau procès, la déclara relapse et hérétique et la livra au bras séculier, c'est-à-dire au bailli anglais de Rouen, pour être brûlée vive. Le supplice eut lieu le mercredi 30 mai 1431, vers 9 heures du matin, sur la place du Vieux-Marché de Rouen. Jusqu'au bout, Jeanne ne cessa d'affirmer sa foi dans la mission que les « voix du Ciel » lui avaient confiée.

La paix avec le duc de Bourgogne. Ni l'entourage de Charles VII ni le roi lui-même n'avaient rien fait pour soustraire Jeanne d'Arc à son sort. Plus que jamais, les idées de lutte à outrance qu'elle avait préconisées étaient abandonnées, et le souverain avait repris dans ses châteaux des pays de Loire la vie molle et désabusée qu'il y menait avant 1429. Seuls quelques capitaines combattaient encore isolément, de manière épisodique et sans que la situation en fût véritablement modifiée. Celle-ci ne changea que quatre ans plus tard, en 1435, lorsque le roi de France fit enfin la paix avec le duc de Bourgogne.

Les négociations avaient été longues et difficiles. Dès 1431, Philippe le Bon, prince fastueux et ambitieux, avait été froissé de l'attitude des Anglais qui le traitaient plus en vassal qu'en allié. En outre, voyant que la cause d'Henri VI ne progressait plus et que les ravages de la guerre n'épargnaient pas ses propres domaines, il s'était décidé à entamer des pourparlers de réconciliation avec le roi de France, malgré le souvenir douloureux du meurtre de son père par l'entourage de Charles VII. Ses exigences furent énormes, mais il sut les imposer. Ce fut la paix d'Arras en septembre 1435. Charles VII dut accepter des conditions très dures : le châtiment des auteurs de l'assassinat de Montereau en 1419, la cession des comtés de Mâcon et d'Auxerre, de plusieurs villes de la vallée de la Somme, des comtés de Ponthieu et de Boulogne-sur-Mer et, surtout, la dispense pour le duc, sa vie durant, de tout lien féodal à l'égard du roi de France. Cette paix apparaissait comme une lourde humiliation pour le roi. Mais, en fait, ses conséquences politiques et morales valaient qu'on la payât très chère. En montrant que le principal allié des Anglais ne croyait plus à leur victoire et les lâchait, la paix d'Arras portait un sérieux coup à leur prestige. De plus, elle préparait l'union de tous les Français contre l'étranger. Ce fut le dernier tournant de la guerre.

Charles VII eut la chance, ou la sagesse, de s'entourer à cette époque de nouveaux conseillers, plus avisés que les précédents ; parmi eux, le connétable de France,

Philippe le Bon recevant l'hommage d'un livre. À l'époque du supplice de Jeanne, le duc de Bourgogne était déjà le prince le plus puissant de la chrétienté et allait le rester pendant près de quarante ans. Il se désintéressa totalement du sort de la Pucelle. Miniature du XVe siècle. ▷
Phot. B. N.

△ **Supplice de Jeanne d'Arc.** Il eut lieu le matin du 30 mai 1431 sur la place du marché à Rouen. On voit ici autour d'elle les juges qui l'ont condamnée, et au premier plan à droite l'évêque Pierre Cauchon, venu assister au supplice, espérant entendre la Pucelle renier les voix du Ciel. Il n'en fut rien : jusqu'à son dernier souffle, Jeanne ne cria que le nom de Jésus. Miniature de la fin du XVe siècle. B. N.
Phot. B. N.

Arthur de Richemont, frère du duc de Bretagne. Grâce à lui, il retrouva une certaine énergie. Les combats reprirent. Au début de 1436, ils se concentrèrent dans la région parisienne et, au mois d'avril, aboutirent à un grand succès : la reprise de la capitale, dont les habitants eux-mêmes avaient aidé Richemont à chasser la garnison anglaise. Dès lors, les Anglais comprirent que la partie était perdue. Après une série de nouveaux échecs qui leur firent perdre le reste de l'Île-de-France, ils demandèrent la paix, en offrant de ne plus garder que la Normandie et la Guyenne. Mais Charles VII semblait à présent résolu à libérer entièrement son royaume. Il ne leur accorda qu'une trêve qui, prolongée plusieurs fois, dura cinq ans, de 1444 à 1449. Et, alors que l'Angleterre, depuis la mort de Bedford, en 1435, était aux prises avec des troubles intérieurs de plus en plus graves, Charles VII profita de ces cinq années de répit pour effectuer des réformes militaires, qui lui permirent de recommencer la lutte avec de meilleures chances de succès.

Les réformes militaires de Charles VII. Contre l'armée anglaise, organisée et disciplinée, les compagnies irrégulières d'hommes d'armes dont le roi de France avait dû se contenter jusque-là n'étaient plus de taille à assurer la délivrance totale du pays. Ces bandes, souvent commandées par des capitaines qui se désignaient eux-mêmes, étaient mal payées, indisciplinées et peu sûres. Elles venaient de donner la mesure de leur infidélité et de leur turbulence en participant, quelques années auparavant (1440), à une guerre civile, la Praguerie, qui se proposait de remplacer Charles VII sur le trône de France par son fils aîné, le dauphin Louis. Il avait fallu toute l'énergie du connétable de Richemont pour arrêter à temps cette révolte de caractère féodal. Mais une réorganisation complète de l'armée s'imposait.

△**Proclamation de la paix d'Arras (1435).** Bien plus que l'épopée de Jeanne d'Arc, que les réformes de Charles VII ou même qu'un véritable redressement militaire de la France, ce fut cette paix entre le roi de France et le duc de Bourgogne qui changea le cours des événements et décida de l'issue de l'interminable conflit franco-anglais. Dessin aquarellé du XVIIe siècle. B.N.
Phot. B. N.

Ce fut l'objet des grandes ordonnances royales de 1445 et 1448, qui créèrent une cavalerie régulière et un commencement d'infanterie permanente. En outre, une impulsion vigoureuse fut donnée à la fabrication d'un puissant matériel d'artillerie. La cavalerie apparaissait toujours comme l'arme essentielle. Charles VII la constitua en compagnies de grande ordonnance, quinze, en théorie, dans les pays de langue d'oïl, puis cinq dans ceux de langue d'oc. À effectifs complets, chacune devait comprendre 100 lances fournies de 6 hommes, soit 600 soldats, dont au moins 400 combattants (un homme d'armes, deux archers, un coutilier par lance) et 200 non-combattants (un page, un valet d'armes par lance fournie). En théorie, le roi pouvait donc disposer de 12 000 hommes, dont 8 000 combattants. En réalité, les effectifs disponibles ne dépassèrent jamais, semble-t-il, 1 800 lances, soit 10 800 hommes, dont 7 200 combattants. À leur tête, le roi retint les meilleurs capitaines. Assisté d'un lieutenant, recrutant lui-même ses hommes, mais pouvant les révoquer

Médaille commémorant l'expulsion des Anglais hors du royaume (1453). △ L'art nouveau de la médaille avait récemment était introduit en France par des orfèvres italiens. Charles VII sut s'en servir comme support de sa propagande, comme l'étaient déjà les sceaux depuis plusieurs siècles. B. N., cabinet des Médailles. *Phot. B. N.*

Hommes d'armes et canons. ▷ L'artillerie joua un rôle décisif dans les dernières batailles de la guerre de Cent Ans, notamment à Formigny et à Castillon. L'Angleterre, qui au XIVe siècle s'était montrée pionnière en matière d'armes à feu, avait peu à peu été dépassée par la France. Miniature de la fin du XVe siècle. B. N. *Phot. B. N.*

◁ **Armure à poulaines de la fin du XVe siècle.** L'armure complète atteignit le summum de sa perfection au milieu du XVe siècle (fort peu d'exemplaires complets nous en ont été conservés). Par la suite, elle s'alourdit inutilement. Paris, musée de l'Armée. *Phot. Lauros-Giraudon.*

comme lui-même était révocable par le roi, le capitaine d'ordonnance disposait désormais des moyens lui permettant d'interdire tout acte de pillage et d'assurer la paix intérieure et la sûreté extérieure du royaume.

Pour ce qui était de l'infanterie, les réformes ne furent pas aussi profondes. On continuait en France de n'accorder aux fantassins qu'une médiocre confiance pour gagner les batailles. Charles VII se contenta de demander à ses sujets de lui fournir, pour chaque agglomération d'une cinquantaine de maisons, un archer ou un arbalétrier, qui, en temps de paix, resterait chez lui, à condition de s'exercer au tir chaque dimanche, et qui, en temps de guerre, répondrait sans tarder à l'appel du roi. En compensation, l'homme serait affranchi de l'impôt de la taille (d'où le nom de « francs-archers » que portèrent ces soldats). Lorsque la guerre recommença, le roi put ainsi aligner quelques milliers de fantassins qui jouèrent un rôle des plus utiles. Quant aux armes à feu, dont le rôle depuis Crécy s'était beaucoup développé, aussi bien dans les batailles que dans la défense ou l'attaque des places fortes, on s'efforça de combler le retard pris en ce domaine par l'armée royale sur celle du roi d'Angleterre ou celle du duc de Bourgogne. Les nouveaux engins (bombardes, couleuvrines, serpentines) reçurent des perfectionnements décisifs (emploi du bronze au lieu du fer pour leur fabrication, montage sur affûts, boulets de fonte au lieu des boulets de pierre) qui assurèrent, un moment, la supériorité de l'artillerie française sur celle des Anglais.

La fin de la guerre. À la reprise des opérations, en 1449, les Anglais conservaient en France trois territoires : Calais, la Normandie et la Guyenne. La Normandie fut reconquise assez facilement, en deux ans, grâce, en partie, à l'attitude des habitants lassés de la domination étrangère. Rouen fut occupée dès novembre 1449. Une armée anglaise de secours, celle de Thomas Kyriel, débarquée au mois de mars suivant, subit à Formigny, près de Bayeux, le 15 avril 1450, un désastre complet. Caen négocia sa reddition dès le 24 juin et Dunois y entra le 1er juillet suivant ; Cherbourg, dernière place normande tenue par les Anglais, tomba le 12 août.

△ **Un arbalétrier.** L'arbalète avait sur l'arc l'avantage de ne pas nécessiter un long entraînement ni une force physique exceptionnelle. Elle convenait surtout pour la guerre de siège, car le tireur pouvait guetter longuement sa cible et l'ajuster sans se fatiguer. L'archer devait, lui, tirer une force équivalente à un demi-quintal, et ne pouvait donc pas soutenir son effort pendant plus de quelques secondes. En revanche, le poids de l'arbalète et son faible rythme de tir étaient un gros handicap. Dessin aquarellé du XVIIe siècle. B. N.
Phot. B. N.

La reconquête de la Guyenne demanda plus de peine, car les habitants, habitués depuis longtemps au gouvernement anglais et faisant avec l'Angleterre un commerce très prospère, considéraient Charles VII comme un étranger. Il fallut faire deux campagnes. Bordeaux, occupé par Dunois en 1451, fut perdu en 1452 à la suite d'un débarquement audacieux du vieux capi-

◁**Entrée de Charles VII à Caen (24 juin 1450).** La Normandie s'était longtemps montrée favorable aux Anglais. Après la reconquête de la province, le roi sut conduire une habile politique de réconciliation, laissant aux Normands tous leurs anciens privilèges. La province était du reste ruinée et mit de longues années avant de retrouver son ancienne et légendaire prospérité. Miniature du XVe siècle. B. N.
Phot. Artephot/Ziolo.

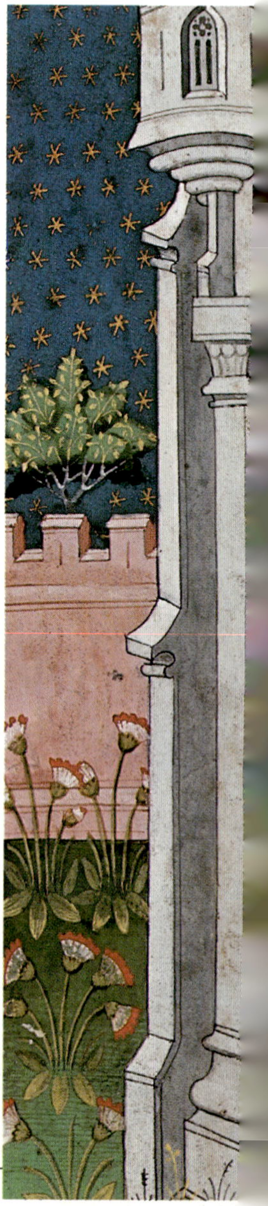

taine Talbot. La reconquête anglaise fut heureusement stoppée l'année suivante, sous les murs de la petite ville de Castillon, près de Libourne, le 17 juillet 1453. Talbot fut tué au cours des combats. L'armée royale commença alors le siège de Bordeaux, renforcé par un blocus naval de la Gironde. Cernée de toutes parts, la ville dut capituler le 19 octobre 1453. Les années suivantes virent encore quelques escarmouches, surtout sur mer, mais ce ne furent que des incidents locaux, sans aucune conséquence. En réalité, bien que nul traité n'eût sanctionné officiellement et juridiquement la fin des hostilités, la guerre de Cent Ans était terminée. Et il semblait bien qu'elle le fût par une victoire française. En dépit des obstacles de toute nature qui, depuis 1337, avaient tant de fois entravé la défense du royaume, la monarchie des Valois, attaquée par un adversaire redoutable et persévérant, avait réussi par les armes à le faire reculer. Elle entrait enfin définitivement en possession de l'héritage des Capétiens. Les Anglais ne conservaient dans le royaume que la ville de Calais (pour un siècle encore). Le royaume de France avait retrouvé en Europe une partie de son prestige perdu depuis l'avènement des Valois et désormais la monarchie allait pouvoir s'affermir.

Mort de Talbot à la bataille de Castillon (1453). ▷ John Talbot, comte de Shrewsbury, fut de 1429 à sa mort le principal chef de guerre anglais sur le continent. Il connut des fortunes diverses mais acquit une grande renommée par sa bravoure et sa loyauté. Miniature de la fin du xve siècle. B. N.
Phot. B. N.

◁**Henri VI et sa femme Marguerite d'Anjou** recevant l'hommage d'un livre (1445). Le destin de Henri VI fut tragique. Sa longue minorité, avec la régence de ses oncles, fut désastreuse pour la monarchie anglaise. Lorsqu'il atteignit l'âge adulte, il manifesta les premiers signes d'une maladie mentale semblable à celle de Charles VI, son grand-père maternel. L'Angleterre, vaincue sur le continent, sombra alors dans la guerre civile, opposant les maisons d'York et de Lancastre. Destitué en 1461, rétabli en 1470, Henri VI mourut l'année suivante, probablement assassiné. Miniature du xve siècle. British Museum.
Phot. British Museum.

La restauration de l'autorité royale. En un siècle de guerre et de misère, on avait pu croire, à différentes reprises, que la monarchie ne parviendrait pas à se relever des épreuves et que le pouvoir serait peu à peu confisqué par la bourgeoisie ou par l'aristocratie. Il n'en fut rien. Non seulement la victoire finale releva le prestige du pouvoir royal, à qui l'on sut gré d'avoir chassé l'ennemi du sol français, mais elle lui permit d'oser davantage et, pour répondre au désir d'ordre et de restauration du royaume, d'étendre ses moyens d'action. La guerre accéléra ainsi l'évolution qui, depuis Philippe Auguste, conduisait la France vers le renforcement du système monarchique.

Charles VII, dans la dernière partie de son règne, fut le premier souverain à en profiter. Désormais soutenu par des conseillers fidèles et énergiques — nobles, comme Richemont ou Dunois ; grands bourgeois, comme Jacques Cœur, Jean Bureau ou le chancelier Jouvenel des Ursins —, il redevint vraiment le maître du royaume. Il sut étouffer deux dangers qui avaient

△ **Jacques Cœur.** Fils d'un riche pelletier de Bourges, il devint par son audace et son habileté l'homme le plus riche du royaume et peut-être d'Europe. Sa fortune était devenue proverbiale et causa sa perte par les jalousies qu'elle suscita.
Phot. Legouhy.

◁ **Guillaume Jouvenel des Ursins** (1401-1472), chancelier de France, peint par Jean Fouquet vers 1460. Musée du Louvre.
Phot. Lauros-Giraudon.

La revue des heaumes avant le tournoi. ▷ Depuis le début du XIVe siècle le heaume du chevalier était souvent surmonté d'un cimier, figure emblématique modelée en relief, individuelle ou familiale, et ayant (comme les armoiries) pour fonction d'aider à distinguer le combattant au cœur de la mêlée. Miniature du milieu du XVe siècle.
Phot. B. N.

grandi dans les dernières années de la guerre : d'un côté, les grands seigneurs, qui avaient repris l'habitude d'intriguer et de comploter ; de l'autre, les assemblées d'états qui, en échange du consentement à l'impôt, prétendaient exercer un contrôle sur les actes et le gouvernement du souverain.

À l'égard de la haute noblesse Charles VII sut user, selon les cas, de diplomatie ou de rigueur. Ceux des grands seigneurs qui acceptèrent de vivre en paix avec lui furent récompensés par l'argent et les honneurs : ainsi, le duc d'Orléans reçut, en 1443, une pension annuelle de 18 000 livres. Les autres, en revanche, furent impitoyablement punis : le duc d'Alençon, Jean II, ancien compagnon de Jeanne d'Arc, suspecté d'avoir voulu empoisonner le roi, fut jeté en prison (1456) et dépossédé de son apanage, qui fit retour à la Couronne en 1458. De même, le comte d'Armagnac, Jean V, grand mécène et bibliophile, coupable d'intrigues suspectes avec l'étranger, fut banni à perpétuité et perdit sa principauté (1460). De tels exemples firent réfléchir les féodaux factieux. Mais, jusqu'au bout, Charles VII dut les surveiller de près. Et, parmi eux, l'un des plus dangereux était le propre fils du roi, le dauphin Louis.

Au début de son règne, pressé par les besoins d'argent, Charles VII avait dû réunir fréquemment les assemblées des états de langue d'oïl et de langue d'oc. Mais il s'était toujours efforcé de les convoquer séparément, à des dates différentes, afin de diminuer leur pouvoir. Après 1440, il cessa de réunir les états de langue d'oïl et réduisit ceux de langue d'oc à un rôle régional. La royauté avait maintenant les moyens de se passer des services des uns et des autres : la guerre lui avait en effet permis, par sa prolongation même, d'instituer des impôts permanents.

Les réformes administratives. Au début, les aides extraordinaires, votées par les états pour la conduite de la guerre et qui venaient s'ajouter aux ressources féodales que le roi tirait de son domaine, n'avaient eu qu'un caractère provisoire.

△**Le dauphin Louis.** Le futur Louis XI fut pendant près d'un quart de siècle un dauphin agité, impatient de régner, intriguant sans cesse contre son père. Il participa notamment à la Grande Praguerie de 1440, révolte des grands du royaume mécontents des réformes entreprises par Charles VII. À la fin du règne de ce dernier, Louis dut même se réfugier à la cour du duc de Bourgogne. Toulouse, musée des Augustins.
Phot. Lauros-Giraudon.

◁**Femmes de l'aristocratie portant le hennin.** Apparue au début du XVe siècle, cette coiffure excentrique, probablement inspirée d'une mode orientale, avait la forme d'un cône renversé et incliné, d'où pendait une sorte de voile. Sa vogue dura près d'un siècle, au grand scandale du clergé. Détail d'une miniature du milieu du XVe siècle.
Phot. B. N.

Mais, à force d'être renouvelées, elles devinrent en quelque sorte régulières, et l'habitude de les payer s'instaura. Après la guerre, il parut naturel de les maintenir et d'en utiliser le revenu suivant les besoins de l'État. Ainsi, progressivement, sans violence, presque subrepticement, une transformation essentielle s'accomplit, qui dota définitivement la monarchie d'un système de grands impôts permanents.

Trois d'entre eux furent particulièrement productifs : la taille, qui frappait théoriquement tous les habitants du royaume, mais dont la noblesse et le clergé étaient exempts ; les aides proprement dites, qui

△ **Le paiement des rentes.** Comptes et paiements étaient de véritables cérémonies rituelles, donnant lieu à toutes sortes d'écritures et de calculs. Pour ces derniers, on se servait de jetons, sorte de pions à compter que l'on déplaçait sur un abaque et dont la valeur (livres, sous, deniers) changeait selon les colonnes. Miniature du XVe siècle.
Phot. Explorer Archives.

Paysans venus demander à l'hôtel du prince un délai pour le paiement des redevances. Les paysans tenanciers devaient payer à leur seigneur un cens, redevance annuelle fixe, en argent ou en nature, parfois les deux, qui devait être versée au terme fixé par la coutume (souvent la Chandeleur ou la Saint-Michel) ou par un contrat spécifique. En cas de non-paiement, le seigneur censier infligeait au tenancier une lourde amende et, parfois, s'appropriait les revenus des terres. Miniature du XVe siècle. Paris, Arsenal.
Phot. Giraudon. ▽

taxaient les ventes de marchandises ; la gabelle, bénéfice que l'État retirait du commerce du sel (produit alors indispensable), dont il se réservait le monopole. Pour faciliter la perception de ces impôts, un corps de fonctionnaires fut créé, ayant à sa tête quatre « généraux des finances » et, au-dessous, des receveurs et un grand nombre d'élus.

Le renforcement de l'autorité royale se manifesta pareillement dans la politique à l'égard de l'Église. Jusque-là, le clergé du royaume se trouvait placé sous la dépendance du Saint-Siège, qui nommait les évêques et prélevait une partie des bénéfices ecclésiastiques. Charles VII profita des difficultés dans lesquelles se débattait la papauté au lendemain du Grand Schisme pour essayer de donner à son clergé une plus grande liberté à l'égard de Rome. Une assemblée de prélats et de théologiens fut réunie à Bourges, en 1438. À la suite de ses travaux fut publiée une grande ordonnance, la Pragmatique Sanction, qui supprimait un certain nombre de taxes versées par la France au pape et qui rendait aux chanoines et aux moines le droit de choisir leur évêque ou leur abbé. Malgré les protestations énergiques de la papauté, Charles VII fit appliquer jalousement ces décisions. Ce fut le début du gallicanisme, qui visait à protéger l'Église de France contre l'immixtion perpétuelle des pontifes dans ses affaires intérieures, mais qui permit aussi au roi de contrôler plus facilement les élections épiscopales et abbatiales grâce au droit de « recommandations bénignes » qui lui était formellement reconnu.

Jacques Cœur et la politique économique. La France sortait de la guerre de Cent Ans effroyablement appauvrie : épidémies, pillages des gens de guerre, qui brûlaient les villes et ravageaient les

△ **Une page de l'armorial de Guillaume Revel (vers 1450) :** l'évêché-comté de Clermont en Auvergne. Au-dessus des armoiries des seigneurs possessionnés dans le comté, on peut voir une vue de la ville de Clermont qui — comme la plupart des vues de villes contenues dans ce précieux recueil — constitue une des premières représentations de villes réalistes que le Moyen Âge nous ait laissées. B. N. *Phot. B. N.*

◁ **Travaux d'arpentage.** Les cours d'eau restèrent longtemps les seules limites naturelles à partir desquelles pouvait être mesurée l'étendue des propriétés, des fiefs et même des royaumes. Toutefois, les véritables cadastres médiévaux étaient rares et presque tous urbains. Ils avaient essentiellement un but fiscal, et dénombraient les foyers plus qu'ils n'évaluaient la superficie et l'organisation de la propriété foncière.
Phot. Giraudon.

campagnes, dévastations des brigands qui, sous le nom sinistre d'« écorcheurs », avaient recommencé les horreurs des Grandes Compagnies du XIVe siècle. Ils sévirent surtout entre 1435 et 1444. Certaines régions devinrent de véritables déserts. En Île-de-France, les abords de la capitale étaient si désolés que les loups s'y aventuraient et venaient déterrer les cadavres dans les cimetières.

Charles VII fit beaucoup pour favoriser la renaissance de l'activité économique. Pour encourager l'agriculture, il exempta d'impôts les paysans qui reviendraient cultiver leurs terres. Il paya ceux qui exterminaient les loups. Il favorisa la reconstitution des corps de métiers, rétablit les anciennes foires, en créa de nouvelles et protégea ceux qui se lançaient dans de vastes entreprises de négoce ou d'industrie, comme le fit le bourgeois Jacques Cœur. Avec les pays étrangers, il signa de nombreux accords commerciaux.

Jacques Cœur n'avait pas attendu la fin de la guerre pour entreprendre de vastes

Travaux des bois et des champs. ▷ À la fin de la guerre de Cent Ans, la plupart des campagnes sises entre la Loire et la Meuse se trouvaient dans un état de désolation et de dépeuplement pitoyable. Le redressement fut inégal selon les régions, rapide en Île-de-France et en Bourgogne, plus lent en Normandie et en Champagne. Cette ruine des activités agricoles et villageoises entraîna souvent des difficultés de ravitaillement dans les villes, et la disette frappa les plus défavorisés jusqu'aux années 1480-1490. Miniature du XVe siècle.
Phot. Giraudon.

△ **Scène de labour au début du XVe siècle.** On voit au fond le château de Lusignan, en Poitou, domaine de la fée-dragon Mélusine, ancêtre mythique de Jean de France, duc de Berry. Miniature des *Très Riches Heures* du duc de Berry : le mois de mars.
Phot. Giraudon.

opérations. Fils d'un riche pelletier de Bourges, ami du roi, il avait profité de ce que le Midi se trouvait relativement à l'abri des combats pour y installer des maisons de commerce et reprendre le trafic avec l'Orient. Grâce à l'appui de Charles VII — qui l'autorisa à faire arrêter un certain nombre de vagabonds en Languedoc et à les embarquer de force sur ses navires —, grâce surtout à son esprit d'initiative, à son travail, à son audace, à son absence de scrupules aussi, Jacques Cœur draina peu à peu vers ses officines et ses comptoirs de Montpellier, Béziers et Marseille une grande quantité de produits orientaux (épices, soieries, étoffes diverses, colorants, etc.), qu'il revendait en France et en Espagne. Il eut même l'idée de se faire fabricant et créa une manufacture de soieries, une teinturerie, une papeterie, fit exploiter des mines et des carrières. Aucune entreprise nouvelle ne l'effrayait. Sa fortune devint immense. Il dépensait sans compter

◁**Hôtel de Jacques Cœur à Bourges :** la cour intérieure. Commencée en 1443, cette somptueuse demeure fut achevée en moins de dix ans et coûta plus de 100 000 écus d'or.
Phot. Lauros-Giraudon.

△**Vitrail de l'hôtel de Jacques Cœur à Bourges (vers 1450).** Cette « galéasse » à voiles circulait sur la Méditerranée et pouvait parcourir jusqu'à vingt-cinq lieues par jour. Elle témoigne de l'importance du commerce maritime dans les affaires et la fortune de Jacques Cœur, dont les principaux bureaux furent situés d'abord à Montpellier puis à Marseille.
Phot. Feuillie.

l'or qu'il gagnait, se faisant construire à Bourges un somptueux hôtel, entretenant à Paris plusieurs hôpitaux, prêtant de l'argent au roi et aux princes.

Cette prodigieuse ascension — Charles VII l'avait même anobli et fait entrer au Conseil — fut brusquement interrompue en 1451 : sous différents prétextes (ventes d'armes aux musulmans, complot avec le Dauphin, fabrication de fausse monnaie, opérations financières suspectes), ses ennemis jaloux et ses créanciers obtinrent son arrestation, puis, en 1453, le jour même où les Turcs entraient dans Constantinople, le 29 mai, son bannissement perpétuel et la confiscation de tous ses biens, après un procès retentissant. Jacques Cœur mourut trois ans plus tard en Orient, aux abords de l'île de Chio, alors qu'il combattait les Turcs Ottomans pour le service de la papauté. Ses descendants n'obtinrent jamais la révision véritable de son procès, pourtant promise par Charles VII, puis par Louis XI.

◁ **Jacques Cœur implorant le pardon de Charles VII.** Le grand argentier fut victime de l'envie, des rancunes et de la cupidité des courtisans de Charles VII, spécialement de ceux à qui il avait prêté de l'argent. Accusé d'avoir altéré les monnaies, contrefait le poinçon royal et exporté frauduleusement des métaux précieux, il fut condamné au bannissement après un procès inique. Tous ses biens furent confisqués. Miniature du XVe siècle.
Phot. Snark International/B. N.-Edimedia.

Page suivante :
Lit de justice tenu a Vendôme pendant le procès du duc d'Alençon (1458). Cette extraordinaire miniature, due au talent de Jean Fouquet, forme le frontispice d'un ouvrage de Boccace. Elle montre le roi exerçant solennellement son autorité judiciaire dans l'enceinte du « parquet » entièrement décoré de ses armes, de ses emblèmes et de ses couleurs. La mise en scène du pouvoir et de la personne royale passait toujours au Moyen Âge par une profusion des insignes et du décor emblématiques. Bibliothèque de Munich.
Phot. Bibliothèque de Munich.

1461-1483 L'œuvre de Louis XI

Charles VII eut une fin de règne difficile et douloureuse. Dans tout le royaume avaient recommencé le brigandage et l'agitation des princes. Parmi ceux-ci, le propre fils du roi, le dauphin Louis, impatient de monter sur le trône, saisissait toutes les occasions de contrecarrer les décisions de son père. Appuyé par le duc de Bourgogne, Philippe le Bon, le prince le plus puissant d'Occident, il multipliait les intrigues de cour et les conspirations. Au point que Charles VII songea un moment à faire déshériter son fils aîné au profit du cadet, Charles, alors duc de Berry. Mais pour ce faire il avait besoin de l'appui de la papauté, avec laquelle il était en conflit larvé depuis la pragmatique sanction de Bourges, promulguée en 1438 et qui limitait considérablement les interventions du pape dans les affaires de l'Église de France.

À partir des années 1435-1440, Charles VII, entouré d'hommes remarquables, avait en effet réussi à restaurer progressivement l'autorité royale, à chasser les Anglais du royaume (où ils ne conservaient plus que Calais) et à jeter les bases d'institutions nouvelles ou renouvelées qui devaient conduire le gouvernement de la France vers une monarchie de plus en plus forte et centralisée. Une telle politique, qui réorganisait totalement l'armée, créait l'impôt permanent et étendait la justice et la police du souverain sur tout le pays, ne pouvait qu'entraîner des mécontentements et des révoltes de toutes sortes. Charles VII sut en venir à bout ; mais lui-même, le royaume et la monarchie s'y usèrent.

Le pays, surtout, était à bout de souffle. Les ruines laissées par plus d'un siècle de guerres, de pillages, d'épidémies, et d'insécurité permanente ne pouvaient pas être véritablement réparées en quelques années. Si la restauration de l'autorité royale fut rapide, le relèvement de la France fut beaucoup plus lent. Ce ne fut que sous Louis XII, au début du XVIe siècle, que les villes et les campagnes retrouvèrent une prospérité et un certain bonheur de vivre qu'elles n'avaient plus connus depuis le bon temps du roi Saint Louis.

Depuis 1457, tout le monde attendait la fin prochaine de Charles VII. Il n'avait que cinquante-quatre ans, mais il était usé et souffrait de suppurations permanentes aux jambes et aux bras. Il vécut cependant encore quatre années, dans la crainte d'une reprise de la guerre étrangère et, surtout, d'être assassiné ou empoisonné par son fils. Malgré plusieurs rumeurs, cautionnées par des chroniqueurs de son entourage, il ne mourut pas empoisonné, mais d'un phlegmon à la gorge, le 22 juillet 1461. Le dauphin Louis, qui avait trouvé refuge auprès de son « bon oncle » le duc de Bourgogne, laissa éclater sa joie et partit se faire sacrer à Reims, le 15 août suivant.

Le crépuscule de la chevalerie. Chassés des champs de bataille par la place de plus en plus importante qu'y occupaient l'infanterie et l'artillerie, les usages chevaleresques se réfugièrent au XVe siècle dans les fêtes et les tournois princiers organisés à la cour d'Anjou et à celle de Bourgogne. Cette scène, peinte vers 1460 dans un manuscrit du *Livre des tournois* de René d'Anjou, oppose dans une joute imaginaire le duc de Bretagne (à gauche) et le duc de Bourbon. B. N.
Phot. B. N.

En 1461, à la mort de son père, Louis XI avait déjà trente-huit ans. Jamais depuis l'avènement d'Hugues Capet aucun roi de France n'était monté sur le trône à un âge aussi avancé. Né en 1423, au temps où Charles VII n'était encore que le « roi de Bourges », Louis XI avait eu une enfance et une jeunesse passablement agitées, non seulement en raison des heures difficiles que traversaient le royaume et la monarchie, mais aussi parce que son tempérament indocile et sa soif précoce du pouvoir l'avaient très tôt brouillé avec son père. À partir de l'année 1457, le Dauphin dut même se réfugier en permanence à la cour du duc de Bourgogne, où il feignait de se croire plus en sûreté qu'à celle de Charles VII. Ce qui arrangeait le roi qui déclarait malicieusement à un ambassadeur anglais : « Monseigneur de Bourgogne reçoit en sa maison un renard qui lui mangera ses poules. »

Louis XI : l'homme et le roi. Fils du fragile Charles VII, petit-fils de Charles VI le fou, arrière-petit-fils du maladif Charles V, le nouveau roi était un homme chétif, aux jambes grêles et déformées qui lui donnaient une étrange démarche dont se moquèrent les chroniqueurs. Son visage était ingrat, enlaidi par un nez busqué et démesurément long. Dès son jeune âge, il avait montré des instincts cruels et une humeur querelleuse, en même temps qu'un désir ardent de gouverner. Il s'était ainsi retiré en Dauphiné, qu'il considérait comme l'apanage indépendant de l'héritier de la Couronne. Il s'y conduisit en véritable sou-

Le démembrement de l'empire bourguignon

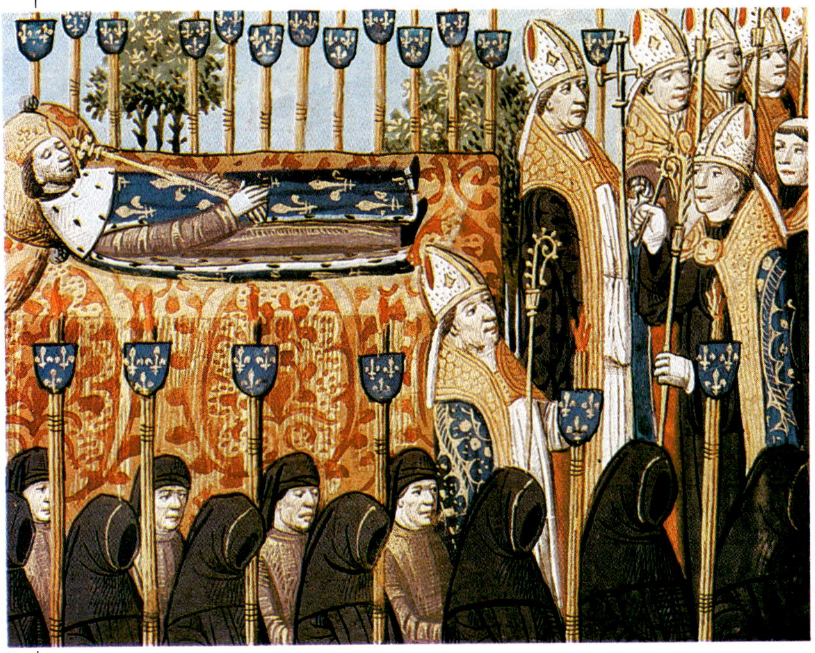

△ **Funérailles de Charles VII.** Le roi mourut à l'âge de cinquante-huit ans, après trente-neuf années d'un règne souvent malheureux, mais qui vit se terminer le séculaire conflit franco-anglais et s'amorcer un net redressement politique et même économique du royaume. Miniature de la fin du XVe siècle. B. N.
Phot. B. N.

Philippe le Bon et sa femme Isabelle de Portugal. ▷ Le « grand duc du Ponant » eut une vie matrimoniale et amoureuse agitée. L'infante Isabelle de Portugal était sa troisième épouse. Elle le soutint dans toutes les affaires politiques et diplomatiques délicates, mais souffrit de se voir négligée au profit de plusieurs maîtresses (qui donnèrent au duc quelques bâtards) et se retira de bonne heure de la vie de cour. Panneau peint anonyme du XVe siècle. Gand, musée des Beaux-Arts.
Phot. Giraudon.

verain, bouleversant les habitudes de l'administration royale et créant à Grenoble un parlement destiné à recevoir tous les appels des tribunaux inférieurs de la province. En fait, il possédait toutes les qualités et tous les défauts pour exercer le pouvoir. Il savait séduire, choisir les hommes et se les attacher par des bienfaits ou par des flatteries. Mais il était impitoyable pour ceux qui le trompaient, bien que lui-même eût toujours trompé tout le monde. Avec son esprit subtil et plein de ressources, avec son caractère artificieux, il excellait dans l'intrigue, multipliait les espions auprès de ses adversaires, achetait leurs conseillers, leur faisait les promesses les plus engageantes qu'il ne tenait pour ainsi dire jamais.

Défiant et moqueur, le nouveau roi avait souvent des reparties cinglantes et brutales, mais aussi des accès passagers de bonne humeur et une étrange dévotion qui déboucha parfois sur d'inquiétantes superstitions, notamment à la fin de sa vie. Toutefois, si l'homme privé était cruel et cynique, l'homme d'État, par ses capacités et son ardeur au travail, a mérité de prendre rang parmi les plus grands rois de l'histoire de France. Il s'imposa notamment un travail acharné qui usa rapidement sa santé délicate. Dormant peu, levé de bon matin, il s'empressait, pendant qu'on l'habillait, de convoquer ses secrétaires pour leur dicter des lettres. Puis, après avoir écouté la messe, il réunissait ses conseillers, et la matinée se passait à travailler avec eux aux grands intérêts de l'État. Après son repas, il se remettait aussitôt au travail jusqu'au souper, ne s'interrompant que pour aller prendre l'air au cours d'une courte promenade à pied ou à cheval. Cependant, très différent de son père, qui ne bougeait guère de son château, il se déplaçait souvent pour de longues tournées d'inspection à travers le royaume, à peine escorté de quelques familiers, voulant connaître par lui-même les désirs et les doléances de son peuple, « comme un bon jardinier son jardin », aimait-il à dire. Il sut ainsi se tenir au courant de tout et être toujours prêt à profiter des occasions.

En ce domaine, il se révéla un maître absolument incomparable. Connaissant

△ Louis XI (1423-1483). Portrait anonyme de la fin du XVe siècle. New York, Brooklyn Museum.
Phot. Brooklyn Museum.

merveilleusement les hommes, il savait tous les moyens de les prendre, en usant tour à tour de la caresse et du bâton. Nul prince n'eut autant que lui recours aux intrigues, aux complots, à la ruse et à la fourberie. Dépourvu de tout scrupule, il sacrifiait tout au désir de réussir ; la fin justifiait les moyens. Il lui arriva parfois de se piéger lui-même dans le labyrinthe de ses machinations, comme ce fut le cas à Péronne en 1468. Mais, en règle générale, son esprit souple et subtil, toujours en éveil, fut à la hauteur des tâches difficiles qu'il avait entreprises. Il fut vraiment, comme le surnommaient les contemporains, « l'universelle araigne » (araignée), qui, sur toutes les voies tortueuses de la politique, avait tendu ses toiles et guettait patiemment ses proies.

L'État bourguignon. Malgré tous les progrès réalisés par le pouvoir royal à la fin du règne de Charles VII, un immense danger subsistait qui pouvait à l'avenir être fatal à la monarchie française. Il venait des États bourguignons : leur étendue, leurs richesses, les ambitions du duc en faisaient à l'intérieur du royaume et hors du royaume un voisin et un rival singulièrement inquiétants.

La maison de Bourgogne était issue de Philippe le Hardi, dernier fils du roi Jean le Bon et héros de la bataille de Poitiers. Au milieu du XVe siècle, le duc Philippe le Bon était le dynaste le plus puissant d'Europe occidentale. Par héritage paternel, il possédait le duché de Bourgogne, le comté de Bourgogne (la future Franche-Comté), l'Artois, la Flandre et le Charolais. Au traité d'Arras, conclu en 1435 avec Charles VII, il y avait ajouté les comtés d'Auxerre et de Mâcon, ceux de Ponthieu et de Boulogne, la plus grande partie de la Picardie et plusieurs villes de Champagne. En outre, hors du royaume, il avait progressivement annexé ou conquis le Hainaut, le Brabant, le Luxembourg et la presque totalité des Pays-Bas. Cette politique d'expansion vers le nord l'avait du reste accaparé et quelque peu détourné des affaires de France, pour le plus grand répit de Charles VII.

Philippe le Bon était également le prince le plus riche de la chrétienté. Il possédait quelques-unes des villes les plus peuplées et les plus actives d'Occident : Dijon, Besançon, Amiens, Lille, Bruges, Gand, Bruxelles, Anvers, Amsterdam. Un système d'impôts réguliers lui assurait des revenus considérables. Aussi nulle cour n'était-elle comparable à la sienne pour le luxe et la magnificence. À Bruges ou à Bruxelles, les villes où il résidait de préférence, tournois, cérémonies chevaleresques, bals et festins se succédaient dans des décors féeriques. En 1430, il avait institué le fameux ordre de la Toison d'or, le plus recherché pour un chevalier chrétien. Aucun souverain d'Europe ne pouvait rivaliser avec le duc de Bourgogne pour le prestige et la richesse, ni organiser des fêtes comparables à celles qui se tenaient à sa cour. Et toute cette puissance se rehaussait encore de l'éclat des lettres et des arts, dont le duc était un protecteur raffiné.

Affranchi de toute obligation féodale à l'égard du roi de France depuis le traité d'Arras (1435), Philippe le Bon gouvernait comme un véritable monarque, avec son Grand Conseil, ses parlements, ses chambres des comptes. Mais cela ne lui suffisait pas encore. Il rêvait de s'emparer de la

◁ **Philippe le Bon (à gauche) et Charles le Téméraire.** Le second succéda au premier sur le trône de Bourgogne à l'âge de trente-quatre ans (1467). Auparavant, il avait révélé des talents certains d'homme de guerre, mais aussi un caractère trop impulsif pour conduire efficacement une politique de longue haleine. Comme le dauphin Louis avec Charles VII, il se brouilla plusieurs fois avec son père. Dessin du XVIe siècle. *Phot. Giraudon.*

Monnaie d'or de Philippe le Bon (atelier de Bruges, vers 1440). ▷ Le duc de Bourgogne conduisit une habile politique monétaire qui permit aux multiples pièces ducales de circuler dans une large partie de l'Europe occidentale. En janvier 1434, il parvint même à unifier à son profit et à sa titulature les riches monneyages de la Flandre, du Hainaut, du Brabant et de la Hollande. B. N., cabinet des Médailles. *Phot. B. N.*

Le mariage de Philippe ▷ le Bon et d'Isabelle de Portugal. Philippe le Bon apparut aux contemporains comme un prince favorisé par le destin. Pendant la première partie de son très long règne (1419-1467), il multiplia les succès dans tous les domaines, réussissant notamment à doubler l'étendue de ses territoires, soit par achat, soit par héritage, soit par conquête. Intelligent, ambitieux, ayant une haute idée de son rang et de sa puissance, il sut profiter des circonstances et, contrairement à la plupart de ses rivaux, choisir des collaborateurs efficaces et avisés. Mais, plus encore que la politique, il aimait le luxe, les arts et les femmes. Château de Versailles.
Phot. Giraudon.

◁ **Un tournoi au xvᵉ siècle.** Sport chevaleresque par excellence, le tournoi de cour était ordonné et réglé selon un cérémonial minutieux. Il n'était plus guère dangereux, comme l'avaient vraiment été les tournois des xiiᵉ et xiiiᵉ siècles : les armes des participants n'étaient plus des armes de guerre, destinées à tuer. Ici l'épée était rabattue, la lance fragile et mince et l'armure pratiquement impénétrable. Un système compliqué d'attribution de points désignait le vainqueur. À la fin de la journée, combattants et spectateurs prenaient part à un banquet fastueux. Miniature du xvᵉ siècle. Bibliothèque municipale de Boulogne-sur-Mer.
Phot. Jean Vigne.

Lorraine, afin de réunir ses territoires bourguignons à ceux de la Flandre et des Pays-Bas et de reconstituer ainsi l'ancien royaume carolingien de Lotharingie. Car son ambition suprême était de prendre le titre de roi.

Tous les souverains d'Europe s'inquiétaient des appétits territoriaux et dynastiques du « grand duc du Ponant ». Mais aucun ne disposait vraiment des moyens de les contrecarrer. L'empereur Frédéric III était constamment à court d'argent, et le roi d'Angleterre Henri VI, atteint de démence, était aux prises avec la rébellion des princes et la guerre civile. Seul Charles VII, une fois reconquis son royaume, semblait en mesure, sinon d'affronter directement le duc tout-puissant, du moins de gêner ses projets. De fait, le conflit était latent entre le duc et le roi.

Charles le Téméraire. Tant que vécut Charles VII, ce conflit, même s'il devint de plus en plus aigu, n'aboutit pas à une rupture ouverte. Philippe le Bon se contenta d'aider secrètement contre le roi de France les grands seigneurs mécontents ou révoltés, et de donner asile au dauphin Louis, définitivement brouillé avec son père. Mais, quand le Dauphin fut devenu roi à son tour — et roi qui entendait mettre sa couronne à l'abri de toute atteinte —, la situation s'envenima. Une première crise éclata en 1465. Comme un grand nombre de féodaux s'inquiétaient des méthodes de gouvernement tracassières et autoritaires du nouveau souverain, qui avait écarté du pouvoir, dès septembre 1461, les principaux conseillers de son défunt père, une ligue, qui prit le nom de « ligue du Bien public », se forma contre lui. La Bourgogne y adhéra et, à défaut de Phi-

△ **Un chevalier de la Toison d'or : Jean de Créquy (1397-1477).** Institué à Bruges par Philippe le Bon le 1ᵉʳ avril 1430, l'ordre comprenait à l'origine vingt-quatre chevaliers. Page extraite du *Grand Armorial équestre de la Toison d'or*. B. N.
Phot. B. N.

◁ **Un mariage princier au xvᵉ siècle.** Le mariage était à la fois un contrat, un sacrement et une fête. Il avait en général lieu l'après-midi. Miniature du xvᵉ siècle. Bibliothèque de l'Arsenal, Paris.
Phot. Lauros-Giraudon.

lippe le Bon lui-même, vieilli et malade, son fils, Charles, comte de Charolais, vint se joindre à la coalition des révoltés. Son armée rencontra celle du roi aux environs de Paris, à Montlhéry, où se livra une bataille indécise et sanglante. Louis XI n'eut d'autre ressource que de négocier et, par son habileté, mit fin à la crise en signant des accords séparés avec chacun des principaux rebelles. La ligue se disloqua. Mais ce fut la première fois que le nouveau roi de France s'était heurté, les armes à la main, à la puissance bourguignonne. Il devait dès lors se souvenir de ce danger.

Philippe le Bon mourut au mois de juin 1467. Son fil Charles, surnommé « le Téméraire », lui succéda. C'était un homme dans la force de l'âge, cultivé, intelligent, ardent au travail et au combat, mais dévoré, peut-être encore plus que son père, par le désir passionné de devenir roi. Il ne cachait aucunement ses desseins et affirmait que, pour y parvenir, il n'hésiterait pas à démembrer la France. La lutte qui s'engageait entre le nouveau duc et Louis XI ne pouvait qu'être sans merci, l'un des rivaux devait briser l'autre sous peine de l'être lui-même. Louis y apporta toute sa ruse et son sang-froid. Charles y mit toute sa fougue, mais aussi toute la violence d'un tempérament que la colère et la haine emportaient souvent et qui allait conduire l'empire bourguignon à la catastrophe.

Le piège de Péronne. Le début de la lutte fut désastreux pour Louis XI. Apprenant que le duc avait fait d'importants préparatifs militaires et qu'il avait l'appui du nouveau roi d'Angleterre Édouard IV, il tenta d'éviter de se lancer dans un combat inégal et chercha son salut dans la négociation. Celle-ci venait bien tard. Il proposa toutefois à Charles le Téméraire une entrevue, qui devait avoir lieu à Péronne. Mais, en même temps, envisageant le cas où l'entrevue n'aboutirait pas, il intriguait avec les habitants de Liège, nouvellement soumis par le duc de Bourgogne, pour les

△ **Charles le Téméraire peu après son avènement.** Le nouveau duc de Bourgogne était un prince austère et cultivé, animé d'une foi sévère et rigide et d'une ambition immodérée. Homme de guerre et de travail plus qu'homme de cour, il ne recherchait pas le luxe et les plaisirs comme le faisait son père, mais tenait néanmoins à avoir une cour fastueuse, digne de son rang. Copie d'un portrait attribué à Rogier van der Weyden. Berlin, musée Dahlem.
Phot. du musée.

Le siège de Paris lors de la ligue du Bien public (1465). La ligue réunissait la plupart des grands vassaux de la Couronne, tous mécontents de la politique royale. Ils tentèrent en vain de forcer les portes de la capitale. Miniature du début du XVIe siècle.
Phot. Giraudon. ▽

La bataille de Montlhéry ▷ (16 juillet 1465). Ce ne fut pas une véritable bataille mais une série de coups de main et de petits engagements. Louis XI y fut trahi par une partie de ses troupes et laissa le comte de Charolais maître du terrain. Trois mois plus tard, le roi faisait la paix avec les princes révoltés, lors des traités de Saint-Maur et de Conflans, et leur accordait satisfaction sur de nombreux points. Miniature de la fin du XVe siècle.
Phot. B. N.

exciter à la révolte au cas où la guerre franco-bourguignonne éclaterait. En fait, Louis XI s'embrouilla dans ce double jeu et, se dirigeant vers Péronne, il oublia de prévenir ses alliés liégeois qu'ils devaient attendre la fin de son entrevue avec le duc pour se révolter ou non. Si bien que le jour même où le roi rencontrait son rival, la ville de Liège, prématurément, se soulevait (9 octobre 1468).

Charles n'eut guère de peine à deviner d'où venait le coup. Il en tira aussitôt une vengeance exemplaire. Au lieu de négocier comme convenu, il ordonna de fermer les portes de la ville et de retenir le roi prisonnier. Celui-ci n'obtint sa liberté qu'en acceptant les plus dures conditions, dont la plus terrible fut probablement d'accompagner le duc châtier les Liégeois révoltés. C'est ainsi qu'à la fin du mois d'octobre on vit Louis XI entrer dans Liège à la tête des Bourguignons, au côté du duc, criant lui-même « Vive Bourgogne ! », tandis que les habitants se défendaient désespérément aux cris de « Vive le roi de France ! ». La ville fut pillée et ravagée.

Après cette cuisante humiliation, Louis XI ne songea qu'à préparer sa revanche. Il donna l'ordre aux chefs de l'armée royale d'éviter les batailles rangées et de laisser le duc de Bourgogne s'épuiser dans une inutile guerre de siège. Celui de Beauvais est resté célèbre en raison de l'héroïque et victorieuse résistance de la population, parmi laquelle s'illustrèrent plusieurs femmes, dont Jeanne Laisné, dite Jeanne Hachette (1472). Pendant ce temps Louis XI multipliait les négociations. L'une d'elles fut particulièrement habile. Charles le Téméraire avait en effet conclu, en 1475, un traité avec le roi d'Angleterre Édouard IV, en vue du démembrement et du partage de la France. Une armée anglaise avait même débarqué à Calais. Le péril était grand. Louis XI, profitant de certaines divergences de vues qui se manifestèrent au dernier moment entre les

△ **Débarquement à Calais du roi d'Angleterre Édouard IV (juillet 1475).** Il avait obtenu du Parlement d'importants subsides pour reprendre la guerre sur le sol de France, au moment même où les princes conspiraient de nouveau contre Louis XI. Mais ce dernier parvint à dénouer les alliances. Il rencontra Édouard à Picquigny et acheta son retour en Angleterre. Miniature du début du XVIe siècle. Musée Dobrée, Nantes.
Phot. Giraudon.

Guerre entre les Bourguignons et les Liégeois. ▷ De bonne heure la principauté de Liège, enrichie par l'exploitation des mines de charbon, avait suscité la convoitise de la maison de Bourgogne, qui réussit à plusieurs reprises à faire nommer l'un des siens comme prince-évêque. En 1465, les Liégeois se révoltèrent contre le neveu de Philippe le Bon, Louis de Bourbon ; ils furent écrasés deux ans plus tard par les armées de Charles le Téméraire à Brusthem (28 octobre 1467). L'année suivante, le duc fit raser la ville. Miniature du début du XVIe siècle. Musée Dobrée, Nantes.
Phot. Giraudon.

Siège de Beauvais ▷ **(1472).** En 1471, Louis XI s'était emparé des villes de la vallée de la Somme, promises à Charles le Téméraire par le traité de Péronne. Furieux, le duc vint conquérir la Picardie puis mettre le siège devant la riche cité de Beauvais. Mais les habitants repoussèrent tous les assauts des Bourguignons. Les femmes se mêlèrent aux combattants, servirent l'artillerie et, la hachette à la main, refoulèrent les soldats ennemis qui avaient déjà planté leurs étendards sur les murs de la ville. De là naquit la légende de Jeanne Hachette, nouvelle Jeanne d'Arc. Miniature du début du XVIe siècle. Musée Dobrée, Nantes.
Phot. Giraudon.

deux alliés, dont chacun poursuivait un but particulier, sut conjurer ce danger à temps. Il offrit à Édouard IV de lui payer ses frais de guerre ainsi qu'une pension annuelle. Le roi d'Angleterre accepta. Une entrevue entre les deux souverains eut lieu à Picquigny et confirma les conditions de cet accord. Puis Édouard retraversa la Manche.

◁ **Bataille de Morat (22 juin 1476).** Voulant venger sa défaite de Grandson (2 mars 1476), Charles le Téméraire, malade, décida d'aller écraser les Bernois dans Berne même. En chemin, il mit le siège devant la petite ville de Morat. Mais l'affaire tourna mal. La cavalerie bourguignonne gêna le travail de ses archers et vint maladroitement se jeter dans les fers des piquiers suisses accourus en renfort. Miniature du début du XVIe siècle. Burgerbibliothek, Berne.
Phot. Burgerbibliothek, Berne.

La défaite du Téméraire et la fin de l'État bourguignon. Louis XI agit de la même manière avec tous ceux que l'ambition du Téméraire pouvait inquiéter : avec l'empereur, avec le duc René II de Lorraine, avec les cantons suisses. Par la diplomatie et par l'argent, il les tint continuellement en alerte. Charles ne connut plus de répit, même lorsque, du côté de la France, des trêves hypocrites semblaient lui garantir le calme. Finalement, deux campagnes malheureuses, l'une contre les Suisses en 1476, l'autre contre le duc de Lorraine en 1477, vinrent à bout de sa puissance et causèrent la ruine de sa maison.

Poussés par Louis XI, les Suisses avaient envahi la Franche-Comté. Le duc de Bourgogne chercha à les repousser et à se venger. Mais il eut le tort de dédaigner un adversaire qu'il jugeait indigne de sa propre valeur : l'essentiel des troupes suisses était constitué de paysans. À Grandson, sur les bords du lac de Neuchâtel, il se précipita imprudemment avec sa cavalerie dans une sorte de ravin où l'ennemi l'encercla et lui fit grand dommage. Quelques semaines plus tard, à Morat, le duc perdit son sang-froid en se retrouvant en face de ses vainqueurs : la déroute bourguignonne fut encore plus complète.

Malade et découragé, Charles le Téméraire voulut alors prendre sa revanche contre le duc de Lorraine. Il vint mettre le siège devant Nancy. Mais, apprenant qu'une armée suisse arrivait pour porter secours à la ville, il se jeta le plus rapidement possible à l'assaut de la cité, malgré le froid et la difficulté du terrain, formé de marais gelés. Il fut défait une fois encore, avant d'être écrasé et mortellement blessé par l'armée suisse et allemande de René II (5 janvier 1477). Deux jours plus tard, on retrouva son cadavre enfoui dans la boue et à demi dévoré par les loups.

◁ **Bataille sous les murs de Nancy (4-5 janvier 1477).** Miniature du début du XVIe siècle. Musée Dobrée, Nantes.
Phot. Giraudon.

△ **Le duc René II de Lorraine** devant l'armure de Charles le Téméraire. Si la joie du duc de Lorraine fut grande, celle de Louis XI, apprenant la mort de son rival, le fut plus encore. Il en eut un tel saisissement que pendant plusieurs jours il tomba dans un état d'agitation jubilatoire lui interdisant de faire quoi que ce fût. Miniature du début du XVIe siècle. B. N.
Phot. B. N.

Charles le Téméraire ne laissait qu'une fille, Marie de Bourgogne, princesse de vingt ans aux prises avec des difficultés de toute nature pour tenter de conserver intact son héritage. Elle dut faire face aux attaques des Suisses et des Lorrains, aux soulèvements des villes de Flandre, aux intrigues de Louis XI et à la convoitise de tous les souverains d'Europe. Après cinq années de pourparlers et de luttes diplomatiques, et bien que Marie eût trouvé un défenseur en la personne du fils de l'empereur, Maximilien d'Autriche, qui l'épousa dès 1477, le traité d'Arras, ratifié en 1482, consacra définitivement le démembrement des États du duc de Bourgogne. Louis XI reçut la Bourgogne et la Picardie ; l'archiduc Maximilien gardait le reste. Ce n'était pas tout à fait ce qu'avait rêvé le roi de France, qui projetait de faire épouser Marie par le Dauphin et de garder ainsi tout l'héritage. La possession de la Flandre, de la Franche-Comté et des Pays-Bas par Maximilien pouvait devenir — et, de fait, elle le devint — une redoutable menace pour la France. Mais le résultat essentiel était néanmoins atteint : la puissance de la maison de Bourgogne était brisée.

◁ **Maximilien d'Autriche (1459-1519).** Fils de l'empereur Frédéric III, il fit entrer une large partie des possessions du Téméraire dans l'Empire des Habsbourg par son mariage avec Marie de Bourgogne. Il succéda à son père en 1493 et sut, par une habile politique matrimoniale, étendre sa puissance et ses possessions. Il fut le véritable fondateur de la puissance des Habsbourg. Portrait par Bernhard Strigel. Bâle, musée des Beaux-Arts.
Phot. Lauros-Giraudon.

Le gouvernement de Louis XI. À l'intérieur du royaume Louis XI se conduisit en despote. Son tempérament n'acceptait pas la discussion, et la haute idée qu'il se faisait de son métier et de sa dignité de roi accentua encore cette disposition naturelle. Son gouvernement fut donc un gouvernement personnel, avec lequel tout le monde devait, suivant sa propre expression, « charrier droit ». À l'opposé de son père, qui avait laissé ses conseillers prendre une influence considérable, il n'accordait à ses familiers — petits nobles comme Philippe de Commynes ou le sire du Lude, ou simples roturiers comme Jean Bourré ou Olivier le Dain — qu'un rôle d'informateurs ou d'agents d'exécution. Lui seul décidait et décidait de tout.

Tout ce qui aurait pu gêner ou limiter son autorité fut traité sans ménagement. Les juges durent se plier complaisamment à ses volontés. S'ils protestaient trop fort en invoquant les règles du droit, il les cassait et les emprisonnait. Si l'affaire lui tenait à cœur, il la soumettait, en dehors d'eux, à des commissions extraordinaires, auxquelles il ne demandait que d'aller vite. Dans l'Église, sans tenir compte de la pragmatique sanction de Bourges, qu'il rétablit ou supprima suivant ses intérêts du moment, il imposa ses candidats aux évê-

Mariage de Marie de Bourgogne et de Maximilien d'Autriche. Il eut lieu le 19 août 1477, malgré les ultimes tentatives de Louis XI pour le faire échouer. Miniature du début du XVIe siècle. Musée Dobrée, Nantes. ▷
Phot. Lauros-Giraudon.

chés vacants. L'université fut soumise à une surveillance sévère. Les villes durent accepter de lui voir nommer leurs magistrats et de lui verser constamment de lourdes taxes. Enfin les états généraux ne furent convoqués qu'une fois, et le roi leur interdit de s'occuper de ce qui ne lui convenait pas.

Mais ce fut surtout contre les grands féodaux turbulents que Louis XI sévit. La ligue du Bien public, en 1465, lui avait montré les vrais sentiments des grands seigneurs, toujours prêts à profiter d'une défaillance de l'autorité royale pour regagner le terrain perdu. Il chercha à les

Marie de Bourgogne ▷ (1457-1482). Fille et unique héritière de Charles le Téméraire, elle fut une princesse très convoitée. La mort de son père la plaçait à la tête d'un immense État. Elle choisit un mari qui put lui servir de protecteur contre les ambitions et les intrigues du roi de France : Maximilien d'Autriche, fils de l'empereur. Cinq ans plus tard, après avoir donné naissance à deux enfants, elle mourut tragiquement des suites d'une chute de cheval. Portrait anonyme du XVe siècle. Chantilly, musée Condé.
Phot. Lauros-Giraudon.

◁ **Louis XI** présidant la réunion d'une promotion de chevaliers de l'ordre de Saint-Michel. Le roi de France voulut, comme le duc de Bourgogne, avoir son ordre de chevalerie. Il créa l'ordre de Saint-Michel le 1er août 1469 à Amboise (l'archange était alors en France l'objet d'un culte extraordinaire). Le nouvel ordre comprenait trente-six chevaliers, placés sous la grande maîtrise du roi de France. Miniature due au talent de Jean Fouquet (vers 1470). B. N.
Phot. B. N.

dompter en faisant des exemples spectaculaires. En 1475, le connétable de Saint-Pol, chef de l'armée royale, accusé de connivences avec le duc de Bourgogne, fut décapité. De même, le duc de Nemours en 1477. Et le duc d'Alençon fut enfermé à Chinon, durant de longues années. Les nobles se résignèrent à obéir.

Dans ces conditions, l'évolution qui tendait depuis longtemps à renforcer la puissance de la monarchie s'accéléra considérablement. Louis XI augmenta les impôts, multiplia les péages, les droits de douane, les taxes extraordinaires. Le peuple fut écrasé d'impôts mais le roi disposa d'une trésorerie abondante. Le souverain réorganisa également l'armée et recruta, à la place des francs-archers créés par son père et dont la discipline laissait à désirer, des bandes de volontaires et de mercenaires étrangers, qui fournirent une importante infanterie destinée à la défense des frontières.

Du point de vue territorial, en dehors des annexions de la Bourgogne et de la Picardie, le domaine royal s'accrut du Roussillon et de la Cerdagne, à la faveur d'une révolte de leurs habitants contre le roi d'Aragon. Puis, en 1481, Louis XI réussit à s'assurer le considérable héritage de l'une des principales familles apanagées, la maison d'Anjou : le duché d'Anjou, le comté du Maine, le duché de Bar, le comté de Provence, avec le grand port de Marseille. Louis XI attachait en effet une grande importance au développement des activités commerciales et industrielles. Il créa des industries nouvelles, comme les fila-

La prétendue cage de fer du cardinal Balue. ▷ Louis XI fut un roi méfiant, autoritaire et cruel. Il s'entoura de conseillers habiles, mais souvent peu recommandables, tel son barbier Olivier le Dain, anobli en 1474 et fait comte de Meulan. Le roi était indulgent pour qui exécutait efficacement ses volontés. En revanche, il était impitoyable pour les traîtres et les incapables. La légende voulut qu'il les enfermât dans des cages de fer, comme celle où le cardinal Balue serait resté onze ans. En réalité, il les jetait tout simplement en prison. Dessin aquarellé du XVIIe siècle. B. N.
Phot. B. N.

tures de soie, et encouragea l'exploitation des gisements métallifères du royaume ainsi que l'installation de l'imprimerie à Lyon et à Paris.

La régence d'Anne de Beaujeu. Dans les dernières années de son règne, Louis XI ne quitta plus guère son château de Plessis-lez-Tours, où, malade, il vécut comme un reclus, hanté par la peur de mourir, et surtout d'être empoisonné. C'est là qu'il mourut au mois d'août 1483. Il ne laissait pour lui succéder qu'un fils de treize ans, Charles VIII, dont il avait confié la garde à sa propre fille aînée, « la moins folle femme du royaume », disait-il en plaisantant, et au mari de celle-ci, Pierre de Beaujeu. L'un et l'autre gouvernèrent conjointement au nom du roi jusqu'en 1491. Mais ce gouvernement des Beaujeu ne fut que la suite logique de celui de Louis XI et l'application fidèle des méthodes qu'il avait pratiquées. Comme lui, ils veillèrent à contenir sérieusement les adversaires de l'autorité royale qui essayaient de profiter de la minorité du souverain pour relever la tête et susciter toute sorte de troubles dans le royaume.

La réaction contre l'œuvre de Louis XI était en effet inévitable. Les grands seigneurs constituèrent un conseil de régence pour surveiller la régente. Ils furent impitoyables pour les conseillers les plus intimes du feu roi et demandèrent la réunion des états généraux. Réunis à Tours au milieu du mois de janvier 1484, ces états constituèrent pour la première fois une véritable représentation nationale : les députés de langue d'oc y siégeaient enfin à côté de ceux de langue d'oïl. Tous apportaient des projets de réformes et des cahiers de remontrances. On leur fit de vagues promesses, qui, évidemment, ne furent pas ou guère tenues.

Les grands seigneurs eurent alors recours aux armes pour parvenir à leurs fins. Une nouvelle ligue féodale fut mise sur pied. Dunois en fut le promoteur, et le duc d'Orléans, premier prince du sang et héritier de la Couronne, le chef brouillon et malhabile. Cette attaque désespérée des princes contre la Couronne fut qualifiée par

◁ **Pierre de Beaujeu.** Volet gauche d'un triptyque du Maître de Moulins. Paris, Musée du Louvre.
Phot. Lauros-Giraudon.

Mort de Louis XI (30 août 1483). Miniature du début du XVIe siècle. Musée Dobrée, Nantes.
Phot. Giraudon. ▽

les contemporains de « Guerre folle », tant elle fut confuse. En outre, le parlement, l'université et les bourgeois de Paris se prononcèrent énergiquement contre les princes, qui avaient trahi et fait appel à l'étranger. Tandis que Maximilien tentait vainement d'envahir l'Artois, l'armée royale se dirigea contre celle des princes, commandée par le duc d'Orléans et le duc de Bretagne, et fut victorieuse à la bataille de Saint-Aubin-du-Cormier (27 juillet 1488). C'en était fini de la dernière grande révolte féodale du Moyen Âge.

Les Beaujeu exploitèrent leur succès en poursuivant la politique d'accroissement du domaine royal et en préparant l'annexion du duché de Bretagne. Après la mort du duc François II, le duché se trouvait aux mains de sa fille, Anne, qu'ils cherchèrent à marier au jeune roi de France. Pour ce faire, ils durent jouer un jeu serré, à la fois contre les prétendants étrangers — tel l'empereur Maximilien, veuf de Marie de Bourgogne — et contre la duchesse Anne elle-même, qui ne voulait pas se laisser engager malgré elle. Mais ils triomphèrent à force d'intrigues et d'habileté diplomatique. Grâce aux armes également. En 1491, Anne, assiégée dans Rennes par Charles VIII et abandonnée par la plupart des seigneurs bretons que les Beaujeu avaient gagnés, dut accorder sa main à son vainqueur. Toutes les précautions furent prises pour l'avenir : on convint que si Anne mourait avant son mari, celui-ci hériterait du duché. Il fut même précisé que si Charles disparaissait le premier et sans enfant, la duchesse et reine n'épouserait que son successeur ou l'héritier du trône, de façon à empêcher le duché de sortir désormais du domaine royal. Ce qui se produisit huit ans plus tard : veuve de Charles VIII, Anne de Bretagne épousa le duc d'Orléans, devenu roi de France sous le nom de Louis XII. La Bretagne était française, du moins en droit, car la francisation du duché fut longue.

Anne de Beaujeu. Volet ▷ droit d'un triptyque du Maître de Moulins. Paris, musée du Louvre.
Phot. Lauros-Giraudon.

△ **Charles VIII.** La légitimité de Charles VIII fut souvent contestée. On avança même que Louis XI, ne parvenant point à avoir de fils, aurait fait substituer à l'une de ses filles mort-née le garçon d'une pauvre femme habitant la région de Blois. Aquarelle du XVIIe siècle. B. N.
Phot. B. N.

Page suivante :
Une page de l'armorial de Guillaume Revel (vers 1450) : la ville et le fief de Saint-Saturnin en Auvergne. B. N.
Phot. B. N.

XIVe-XVe siècle
Aspects de la France des Valois

La seconde moitié du XIIe siècle et la première du XIIIe avaient constitué l'apogée de l'essor de la France et de l'Occident : augmentation de la population, mise en exploitation de terres nouvelles (défrichement de la lande et essartage de la forêt, assèchement des marais, irrigation des plaines), développement des villes et des villages, progrès considérables du commerce, ce qui avait entraîné l'apparition de nouveaux métiers et de véritables industries, notamment dans le domaine des textiles. La frappe de l'or, interrompue depuis l'époque carolingienne, était réapparue, et le développement de l'économie s'était accompagné de progrès sociaux (affranchissements de serfs, chartes de communes, création de villes neuves et de villes franches) et intellectuels (fondation des universités, renouvellement de la vie et des connaissances scientifiques) considérables.

Tout se mit à changer à partir de la fin du XIIIe siècle ; et, pendant près de deux siècles, l'Europe occidentale dans son ensemble connut une crise économique et sociale extrêmement grave. Au départ, un recul du défrichement et de l'expansion démographique, ce qui fit diminuer la rente féodale, c'est-à-dire les revenus des seigneurs, propriétaires rentiers du sol. La monnaie perdit de sa valeur, perturbant ainsi la plupart des activités économiques et appauvrissant aussi bien les riches que les pauvres. D'où une violente crise de la société, secouée par de véritables mouvements révolutionnaires et certaines formes de guerre civile. Des catastrophes aggravèrent encore cette crise générale : la dégradation du climat (la fin du Moyen Âge fut une période froide et humide, avec des hivers longs et rigoureux et des étés courts), la famine, les épidémies — dont la plus terrible, la « grande peste » de 1347-1349, fit perdre au royaume de France environ le quart de sa population —, les guerres, le brigandage, l'insécurité permanente.

La crise eut également un aspect moral et affectif. La religion devint plus intérieure, plus « sentimentale », plus sombre aussi, accordant une place de plus en plus grande à l'inquiétude en face de la douleur et de la mort. L'Église fut traversée par différentes secousses, dont les plus profondes furent l'exil de la papauté à Avignon, puis le Grand Schisme, qui mit en rivalité jusqu'à trois papes. Cette crise de l'autorité ecclésiastique favorisa la renaissance de grandes hérésies et prépara le terrain à la Réforme. Elle perturba également les esprits dans toutes les classes de la société. Dans l'aristocratie et la bourgeoisie, le luxe et les fêtes se développèrent parfois jusqu'à l'extravagance. L'art devint chargé, compliqué, excessif ou maniéré : ce fut l'époque du gothique flamboyant.

△ **Danse macabre.** Longtemps absente de l'iconographie médiévale, la mort fit irruption dans de nombreuses images à partir du milieu du XIVe siècle. Le thème de la danse macabre s'imposa au siècle suivant, d'abord en France puis dans les pays germaniques. La Mort y entraînait dans une ronde sans fin des personnages appartenant à toutes les classes et catégories sociales, du pape au moine et de l'empereur au vilain. Miniature du XVe siècle. B. N.
Phot. B. N.

Crises et transformations d'une société

La crise générale qui secoua la France à la fin du Moyen Âge fut d'abord et surtout une crise d'adaptation à des conditions économiques et sociales nouvelles, auxquelles elle était mal préparée. Mais, en certains domaines, ces difficultés d'adaptation, qui prirent parfois un tour dramatique, constituèrent aussi une phase de progrès et permirent l'éclosion d'une civilisation neuve. La France moderne est née des troubles et des catastrophes du Moyen Âge finissant.

Les problèmes économiques et monétaires. Les difficultés furent d'abord celles de la classe dominante, les seigneurs féodaux, propriétaires de la terre. La place de plus en plus grande de la monnaie dans les activités d'échange et dans le système économique mit en péril leurs revenus fixes. En outre, ils ne surent pas profiter des nouvelles techniques de production et furent incapables de vendre leurs denrées sur ces marchés nouveaux que constituaient les villes. La majeure partie des bénéfices commerciaux passa ainsi aux mains de la nouvelle classe des marchands. Pour enrayer la baisse des revenus agricoles — due pour l'essentiel à l'arrêt des défrichements et de l'augmentation de la population —, les seigneurs cherchèrent à se procurer des fonds en se faisant payer en argent les redevances de leurs paysans. Mais l'inflation permanente fit constamment baisser ces revenus. La noblesse foncière fut ruinée et chercha alors, comme elle était restée une classe guerrière, à tirer l'essentiel de ses profits de la guerre (par le système des rançons et du mercenariat, entre autres) et du brigandage. Les petits nobles français de la fin du Moyen Âge furent ainsi souvent des soudards et des pillards, tandis que leurs seigneurs se vendaient comme capitaines de guerre aux villes ou aux princes les plus offrants. La guerre de Cent Ans fut à tous les niveaux d'abord et surtout une guerre d'argent.

△ **Scène de chasse à la cour de Bourbon.** À la fin du Moyen Âge, la chasse restait un rituel princier, organisé selon un code rigoureux. Son rôle était tout à la fois idéologique, économique et ludique. Dessin aquarellé du XVIIe siècle, d'après une miniature perdue du XIVe. B. N.
Phot. B. N.

Le duc de Berry partant en voyage (vers 1415). ▷ Le personnage en rose qui accompagne le duc est vêtu du plus bel exemple de *houppelande* que le Moyen Âge nous ait laissé. Il s'agissait d'une robe très étoffée, commune aux deux sexes, pourvue de manches très amples, froncée à la taille et serrée par une ceinture. Miniature du début du XVe siècle. B. N.
Phot. B. N.

Le développement de la part prise par la monnaie dans les activités économiques eut d'autres conséquences sociales. Dans tous les domaines, en effet, le gouvernement et les particuliers eurent de plus en plus besoin d'argent : l'État, pour payer les gages ou les salaires de tous ceux, de plus en plus nombreux, qui travaillaient à son service, ainsi que les soldes de mercenaires et de soldats de toutes sortes que la guerre permanente avait multipliés ; les particuliers, pour s'acquitter d'impôts de plus en plus lourds et divers et pour acheter des marchandises nouvelles.

Or, au même moment, la France et tout l'Occident manquaient de métaux précieux pour frapper la monnaie. Les vieilles mines antiques étaient épuisées, et la majeure partie de l'or et de l'argent venait d'Asie et d'Afrique par le relais du monde musulman. On eut alors recours à un subterfuge : on diminua la quantité de métal précieux qui entrait dans les alliages dont on frappait les pièces de monnaie. Cette pratique commença avec Philippe le Bel — qui garda la réputation d'un roi faux-monnayeur — et perdura jusqu'aux grandes découvertes, qui firent affluer en Europe occidentale d'importantes quantités de métaux précieux. Ces innombrables mutations monétaires, que les officiers royaux qualifiaient pudiquement de « remuement », mais qui étaient en fait de

△ **Un banquet princier au XVe siècle.** La nourriture restait à la fin du Moyen Âge une des obsessions de la société occidentale. Mais c'était aussi pour les classes dominantes l'occasion de faire étalage de leur richesse et de leur pouvoir. Dans les cours princières, le luxe alimentaire devint le premier des luxes, avant même le vêtement. Miniature du XVe siècle.
Phot. Bulloz.

 XIVe-XVe SIÈCLE, ASPECTS DE LA FRANCE DES VALOIS.

véritables dévaluations, entraînèrent une hausse permanente des prix. Les XIVe et XVe siècles furent, sauf de rares périodes de répit, des phases d'inflation galopante. Ce gonflement artificiel de la monnaie et cette hausse permanente des prix furent surtout préjudiciables aux groupes sociaux qui avaient des revenus fixes : les seigneurs fonciers et les travailleurs salariés, dont le pouvoir d'achat allait toujours en diminuant. En revanche, marchands et banquiers surent souvent en profiter.

Les troubles sociaux et les calamités. Il en résulta un mécontentement presque général qui, dans les classes populaires, se manifesta par de brusques flambées de violence, prenant parfois un aspect révolutionnaire, notamment au XIVe siècle : révolte parisienne dirigée par Étienne Marcel en 1358, révolte gantoise conduite par Philippe Van Artevelde en 1381, révolte des « tuchins » en Languedoc et des « maillotins » à Paris en 1382, insurrection cabochienne à Paris en 1413.

La France n'eut du reste pas le monopole de ces troubles qui agitaient le petit peuple des villes, le « commun ». Dans plusieurs villes d'Italie, d'Allemagne et d'Angleterre, il y en eut de semblables et de tout aussi graves. Il se produisit également des mouvements ruraux, des jacqueries, comme celle de 1358 en France, particulièrement soudaine et violente. Plus encore que contre les seigneurs, dont les châteaux furent pillés, les révoltes paysannes étaient dirigées contre leurs officiers, ainsi que contre les agents du roi, les collecteurs d'impôts et les trop riches marchands ou usuriers.

Tous les mouvements de révolte populaire échouèrent. D'abord par manque d'organisation et d'unité (rares furent, par

Un atelier monétaire. ▷ Comme partout, le travail y était soigneusement divisé et hiérarchisé. Chaque ouvrier accomplissait la tâche dont il était chargé : celui qui gravait les coins ne taillait pas les flans, et celui qui taillait les flans ne frappait pas les pièces. Au fond, surveillant toutes ces opérations, le maître de la monnaie. Miniature du début du XVIe siècle. B. N.
Phot. B. N.

L'étal commun d'un bottier, d'un drapier et d'un orfèvre. Dans toutes les villes, les activités commerciales prenaient le pas sur les activités artisanales, et partout les marchands étaient plus riches et plus puissants que les artisans. La classe des marchands était elle-même fortement hiérarchisée, depuis les simples détaillants jusqu'aux fastueux négociants, qui se livraient à la banque et au commerce international. Miniature du XVe siècle. Rouen, Bibliothèque municipale.
▽ *Phot. Lauros-Giraudon.*

◁ **Scènes de la rue au XVe siècle.** Les villes de la fin du Moyen Âge étaient souvent constituées d'un réseau de rues étroites, d'impasses, de cours, de carrefours et de places, dont les activités étaient différentes et la densité d'habitat très inégale. Les artisans appartenant au même corps de métier avaient tendance à se regrouper dans la même rue ou dans des rues avoisinantes : les boulangers près de la halle aux grains, les parcheminiers près de l'université, les tanneurs près de la rivière, etc. Miniature de la fin du XVe siècle.
Phot. Archives Snark/Bibl. Albert Ier, Bruxelles-Edimedia.

exemple, les alliances entre ouvriers des villes et travailleurs des campagnes). Ensuite parce que les classes dirigeantes, l'Église et, surtout, les pouvoirs publics, leur furent toujours hostiles. Enfin parce que la bourgeoisie, qui chercha souvent à exploiter les soulèvements urbains, se retourna toujours contre eux lorsqu'elle fut effrayée de leurs excès.

Les plus graves de ces révoltes eurent lieu au milieu et dans la seconde moitié du XIVe siècle, au plus fort des calamités : dégénérescence du climat, famines, épidémies, guerres et brigandages. La famine exista à l'état latent pendant presque tout le Moyen Âge. L'homme avait peu de recours contre les aléas des conditions naturelles. Le rendement des terres restait faible, les engrais insuffisants et l'outillage souvent rudimentaire. En cas d'intempéries répétées (gel, inondations, séche-

Scène d'enterrement dans un cimetière. La plupart des morts étaient enterrés au cimetière de leur paroisse. Celui-ci servait aussi aux activités des vivants : on y conduisait le bétail, on y tirait à l'arc, on y jouait, on y organisait des marchés. Les plus riches se faisaient enterrer dans les églises mêmes, où ils pensaient obtenir outre-tombe des faveurs et des privilèges particuliers. Miniature de la fin du XIVe siècle. ▷
Phot. Explorer Archives.

△ **Brigands déterrant leur butin.** Comme toutes les époques de troubles, la guerre de Cent Ans vit enfouir dans le sol de nombreux trésors que les enfouisseurs n'eurent pas tous l'occasion de venir rechercher et qui font aujourd'hui le bonheur des archéologues. Miniature du XVe siècle. Musée Condé, Chantilly.
Phot. Lauros-Giraudon.

resse) réapparaissait toujours la famine, qui frappait d'abord les plus pauvres parce que les mauvaises récoltes faisaient monter le prix des denrées. En outre, les marchands et les autorités publiques, y compris l'Église, n'hésitaient pas à stocker les vivres pour augmenter leurs profits. Ainsi, en raison de pluies d'été diluviennes pendant trois années de suite, toute la France du Nord connut une importante famine entre 1315 et 1317.

Au milieu du siècle, les épidémies s'ajoutèrent aux famines, la sous-alimentation favorisant le développement rapide des maladies contagieuses, et notamment de toutes les formes de peste. La « grande peste » des années 1347-1349, qui fit périr plus du quart des habitants du royaume et la presque totalité du bétail, toucha inégalement les régions (l'Ouest fut relativement épargné) et les classes sociales. Mais elle

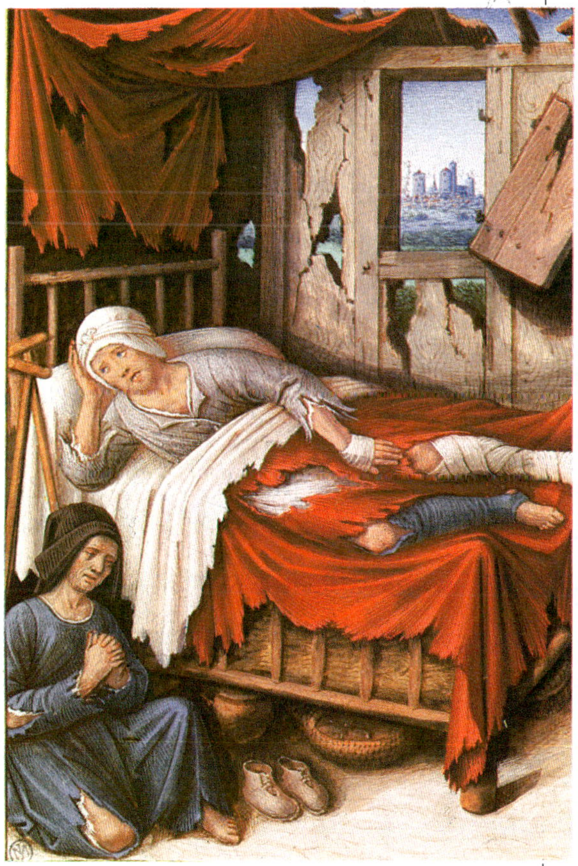

△ **La misère.** Au sortir de la guerre de Cent Ans, le royaume était exsangue. En un siècle de guerres, de destructions, de famines et d'épidémies, la France avait perdu près de 40 p. 100 de sa population. L'instabilité monétaire avait ruiné les nobles, les désordres et la crise, les paysans. L'agriculture était particulièrement touchée et de nombreuses terres avaient été reconquises par les forêts ou les marais. Le redressement des campagnes fut plus lent que celui des villes. Miniature attribuée à Jean Bourdichon (vers 1490). Bibliothèque de l'École des beaux-arts, Paris. *Phot. Giraudon.*

accentua la crise démographique et il en résulta, dans toutes les branches de l'économie, un manque de main-d'œuvre dont les effets se firent sentir jusqu'au milieu du XVe siècle.

La crise religieuse. Les troubles sociaux et les difficultés économiques eurent des répercussions profondes sur les esprits et sur la vie religieuse. Les théologiens cherchèrent des causes à tous les malheurs qui accablaient le royaume et la chrétienté. Ils y virent une punition de Dieu et demandèrent aux fidèles d'implorer son pardon en devenant de meilleurs chrétiens. La religion se fit plus mystique, plus sentimentale. Après la « grande peste », elle prit parfois des formes outrancières, comme avec le mouvement des flagellants. Des prédicateurs populaires, appartenant aux ordres mendiants et se situant aux confins de l'hérésie, influençaient les foules et favorisaient de tels mouvements, où les pratiques de piété devenaient morbides ou passionnées. Mais la crise la plus grave que traversa l'Église fut celle de la papauté : pendant trois quarts de siècle elle déserta Rome pour Avignon, puis elle fut partagée entre plusieurs papes rivaux lors du Grand Schisme. L'autorité du Saint-Siège sur les fidèles et sur le clergé s'en trouva affaiblie.

Les prétentions de la papauté à contrôler la politique des États d'Occident avaient subi un échec définitif au temps de Boniface VIII et de Philippe le Bel. Le pape Clément V était même tombé sous la dépendance étroite du roi de France. Cette impression de dépendance s'accentua encore lorsqu'on le vit s'installer aux portes du royaume, à Avignon, en 1309, puis lorsque son successeur, Jean XXII, prétextant les troubles qui agitaient Rome et l'Italie centrale, décida de maintenir sur les bords du Rhône la résidence du Saint-Siège. Jusqu'en 1377, Avignon devint ainsi la capitale du monde chrétien, et tous les papes qui s'y succédèrent furent français. Avignon présentait deux avantages : d'une part, la ville occupait dans la chrétienté une position centrale ; d'autre part, c'était une place commerciale et bancaire de grande importance, située sur l'une des routes les plus fréquentées d'Europe : la vallée du Rhône. L'installation de la papauté enrichit et développa la cité. L'argent y afflua ; les marchands et les banquiers également. Vers 1370, Avignon était devenue l'une des villes les plus peuplées et les plus actives d'Occident. Paris excepté, aucune autre ville ne lui était supérieure en France.

Car, malgré les échecs de Boniface VIII, la papauté restait très puissante, non seulement spirituellement, mais aussi matériellement. Elle possédait, pour traiter toutes les affaires qui relevaient du Saint-Siège, une administration centralisée, la Curie pontificale. Elle disposait, en outre, de richesses considérables, qu'elle ne cessa de développer pendant le séjour avignon-

△ **Une messe au début du XVe siècle.** L'ange qui, dans le haut de cette miniature, tient un écu aux armes de Savoie rappelle comment toute église était à la fin du Moyen Âge un véritable musée d'armoiries et le lieu privilégié de la mémoire nobiliaire. Musée Condé, Chantilly.
Phot. Giraudon.

nais, grâce aux taxes de toutes espèces exigées du clergé. En vain, cette fiscalité rigoureuse, qui drainait vers la ville une grande partie de la fortune du monde chrétien et dont les abus ne se comptaient plus, suscita-t-elle des protestations véhémentes : la Chambre apostolique, qui gérait les revenus pontificaux, n'en continua pas moins de thésauriser âprement et de faire de la papauté la plus grande puissance financière de son temps.

Les papes avaient besoin d'énormes sommes d'argent. Non seulement pour l'entretien d'une Curie et d'une bureaucratie proliférantes, mais aussi pour des dépenses fastueuses qui firent d'Avignon un grand centre artistique où se brassèrent tous les courants esthétiques de la chrétienté. Tous les papes d'Avignon furent, en effet, de grands mécènes, attirant auprès d'eux quantité d'artistes et de lettrés, faisant bâtir et décorer le célèbre palais des papes, et réunissant une bibliothèque de plus de deux mille ouvrages, parmi lesquels un grand nombre d'œuvres de l'Antiquité grecque et latine. Commencée en Italie, la « redécouverte » de l'Antiquité s'accéléra à Avignon.

Le Grand Schisme. Pendant quelque temps, le séjour des papes à Avignon ne choqua pas. Entre 1100 et 1305, ceux-ci avaient passé seulement 82 ans dans Rome et 123 hors de Rome, mais presque toujours en Italie, il est vrai. Cependant, au fil des décennies, les exigences fiscales des papes d'Avignon, qui les montraient attachés aux intérêts matériels, et la succession de sept papes français, qui semblaient trop dociles aux volontés des rois de France (notamment dans le conflit franco-anglais), nuisirent beaucoup au prestige moral du Saint-Siège. On ne voyait plus en eux que des souverains comme les autres, aux goûts fastueux (spécialement Clément VI), aux besoins d'argent continuels, et engagés dans des politiques plus séculières que spirituelles. Un mouvement populaire et mystique se développa alors en Italie et dans toute la chrétienté pour réclamer le retour du chef de l'Église au siège apostolique traditionnel : Rome. Aux yeux de bon nombre de chrétiens, l'exil d'Avignon était devenu un scandale extrêmement grave. Deux femmes se firent plus particulièrement les interprètes de ce mouvement : sainte Catherine de Sienne et sainte Brigitte de Suède.

Une première fois, en 1367, le pape Urbain V quitta Avignon pour Rome, mais, trois ans plus tard, ne se sentant pas en sécurité dans la ville éternelle, il revint mourir sur les bords du Rhône. Finalement, ce ne fut qu'en 1377 que son successeur, Grégoire XI, malgré l'avis de ses cardinaux et, surtout, du roi de France Charles V, se décida à quitter définitivement Avignon pour Rome. Il y mourut l'année suivante. Des problèmes posés par sa succession sortit le Grand Schisme, qui perturba l'Occident de 1378 à 1417, et même jusqu'au milieu du XVe siècle.

Après la mort de Grégoire XI, les cardinaux élirent en effet à Rome un pape italien, Urbain VI. Mais ce dernier, de caractère cassant et irritable, ne tarda pas à dresser contre lui la plupart de ses électeurs. Cinq mois après son élection, les car-

◁ **Moine prêchant.** La prédication populaire connut une vogue nouvelle au XVe siècle. Elle dénonçait les abus des prélats, appelait à une réforme de l'Église et éloignait de plus en plus la piété des fidèles des spéculations trop théologiques. Miniature de la fin du XVe siècle. Bibliothèque municipale de Valenciennes. *Phot. Giraudon.*

△ **Avignon.** De 1309 à 1377, les papes fuirent Rome et l'Italie en proie à une agitation permanente. Ils s'installèrent, un peu par hasard, à Avignon et firent de cette ville un grand centre économique et culturel. C'est là également que se développèrent la centralisation, la bureaucratie et la fiscalité pontificales. B. N. *Phot. Giraudon.*

△ Urbain V (1309-1370). Homme pieux, ami des lettres et des arts, protecteur des universités, il fut l'un des meilleurs papes d'Avignon (1362-1370). En 1367, malgré l'opposition de Charles V et de la Curie, il décida de retourner à Rome, où il reçut un accueil enthousiaste. Mais, trois ans plus tard, l'agitation reprit en Italie centrale et Urbain V dut se réfugier à Viterbe puis regagner Avignon. Avignon, musée du Petit Palais.
Phot. Pix-G. Gaud.

dinaux mécontents, en majorité français, prétextant que leur vote avait été arraché par la force, se réunirent hors de Rome et désignèrent un nouveau souverain pontife : ce fut l'un d'entre eux, Robert de Genève, parent du roi de France (qui semble bien avoir en sous-main organisé toute l'affaire). Il prit le nom de Clément VII et retourna s'installer à Avignon. La chrétienté avait deux papes, qui s'excommunièrent réciproquement. Chaque État, selon les intérêts de sa politique, reconnut l'un ou l'autre, et il s'ensuivit une crise ouverte qui dura près de quarante ans, jetant le discrédit et le désordre dans l'Église et, par contrecoup, offrant un terrain favorable à l'éclosion d'hérésies nouvelles (John Wycliffe et les lollards en Angleterre, Jean Hus en Bohême).

Après bien des querelles, des réticences et des malentendus, et devant les conséquences très graves que le schisme de l'Église entraînait, l'idée finit par triompher qu'un seul moyen subsistait de terminer la crise — moyen que, dès le début, avait préconisé le principal corps savant d'Europe occidentale, l'université de Paris : réunir un concile général du monde chrétien dont l'autorité s'imposerait à tous. Un premier concile, réuni à Pise en 1409, échoua : il n'aboutit qu'à l'élection d'un troisième pape, les deux autres refusant de se soumettre. Ce fut finalement à

Le concile de Constance. ▷ Grâce à l'insistance et à l'énergie du roi des Romains Sigismond, un concile put être réuni à Constance en 1414 et, malgré l'échec de celui de Pise en 1409, il tenta de résoudre la grave crise que travorcait l'Église. Les travaux furent longs et difficiles ; pour la première fois s'exprimèrent à l'intérieur du concile des tendances « nationalistes ». Mais, finalement, en 1417, un conclave réussit à élire et à imposer un nouveau pape, Martin V, et à mettre fin au Grand Schisme. Miniature du XVe siècle. B. N.
Phot. Dagliorti.

◁ **Clément VII (1342-1394) et ses cardinaux.** Élu pape en septembre 1378 par une partie des cardinaux qui, au mois d'avril précédent, avaient déjà élu à Rome Urbain VI, il partit s'installer à Avignon et fut reconnu comme seul pape légitime par la France et ses alliés (Écosse, Espagne, Sicile). La chrétienté avait deux papes. Ce fut le début du Grand Schisme, qui dura jusqu'en 1417. Miniature du XVIe siècle. Bibliothèque de l'Arsenal, Paris.
Phot. Giraudon.

Constance, au cours d'un concile général qui dura près de quatre ans (1414-1418), que put être rétablie l'unité de l'Église, après la démission de l'un des trois papes et la déchéance des deux autres. Un nouveau pontife fut élu en novembre 1417, Martin V, que tous les États finirent par reconnaître comme seul pape légitime. Mais des troubles n'en continuèrent pas moins d'agiter l'Église, les partisans de la supériorité des conciles sur les papes profitant du scandale du Grand Schisme pour tenter d'imposer leurs théories à ces derniers. Ils échouèrent toutefois après la dissolution du concile de Bâle en 1449.

La vie artistique. Au milieu des difficultés matérielles de toutes sortes, notamment de la guerre civile et de la guerre étrangère, l'art français des XIVe et XVe siècles ne trouva pas toujours des conditions très favorables à son plein développement. On vit fleurir dans la création artistique deux tendances qui traduisaient les troubles du temps : le luxe et le désarroi. Le luxe, dans les milieux princiers, concerna d'abord le vêtement et la gastronomie, puis les fêtes et les cérémonies, mais il s'exprima aussi dans l'art par un excès des pratiques ornementales et par le développement des arts décoratifs : enluminure, tapisserie, orfèvrerie. Le désarroi des esprits se manifesta dans de nouveaux thèmes iconographiques, qui reflétaient la souffrance et la peur de la mort : piéta, Vierge de Miséricorde, danse macabre, triomphe de la Mort, etc. Il se traduisit aussi dans un style qui rechercha l'effet compliqué ou pathétique. Ce fut le gothique flamboyant, période d'outrance et, semble-t-il, d'une certaine décadence. Les éléments de base en étaient les contre-courbes (courbe prolongée par une autre courbe en

△ **Le *Puits de Moïse*,** par Claus Sluter. Né aux Pays-Bas vers 1340, ce sculpteur soucieux de « réalisme » vint travailler à la cour de Bourgogne en 1483. Il réalisa de nombreuses sculptures pour la chartreuse de Champmol, fondée aux portes de Dijon par Philippe le Hardi. Il mourut à la tâche avant d'avoir pu achever le tombeau du duc.
Phot. Lauros-Giraudon.

Polyptyque du Jugement dernier (détail), par Rogier Van der Weyden (1443). Beaune, Hôtel-Dieu. ▷
Phot. Giraudon.

Construction d'une cathédrale. Cette célèbre ▷ miniature, peinte vers 1470 par Jean Fouquet, est à la fois une figuration allégorique de la construction du Temple de Jérusalem et une représentation fidèle de la reconstruction d'une cathédrale à la fin du Moyen Âge. B. N.
Phot. B. N.

sens inverse) et une ornementation raffinée, surchargée même, qui faisait d'un chapiteau une véritable dentelle de pierre en ciselant le matériau comme une pièce d'orfèvrerie. Les églises se hérissèrent de flammes de pierre (ainsi, à Rouen, les églises Saint-Ouen et Saint-Maclou et la cathédrale Notre-Dame) et les palais se chargèrent d'éléments superflus, propres à étonner ou à créer l'illusion (Saumur, Pierrefonds, hôtel de Jacques Cœur à Bourges, palais de justice de Rouen). La voie était ouverte au maniérisme.

Les sculpteurs se montrèrent, dans le même temps, préoccupés de reproduire directement le modèle vivant et d'exprimer des sentiments profonds. On assista à une grande vogue des compositions « réalistes », et comme l'époque, avec toutes ses misères, donnait à l'existence une couleur tragique, ce réalisme s'exprima de préférence dans des scènes pathétiques : passion du Christ, sépulcres, crucifixions, pleurants. La sculpture funéraire devint le domaine d'expression favori des plus grands artistes, tel Claus Sluter, qui travailla à la cour ducale de Bourgogne, tel Michel Colombe, protégé du roi René et des ducs de Bretagne. Car les princes avaient conservé le goût des belles choses et, même aux heures les plus critiques, ils restèrent presque tous de fervents mécènes. La fin du Moyen Âge fut en France, comme du reste dans tout l'Occident, l'époque du mécénat princier : plus encore qu'à la cour royale, ce fut dans les cours de Berry, d'Anjou, de Bourgogne, de Bourbon, de Foix, d'Armagnac et de Bretagne que sculpteurs, peintres et artistes de tous ordres furent mis à contribution.

Pendant longtemps, la peinture gothique s'était surtout exprimée dans le livre manuscrit, grâce à la miniature. Et, tout au long des XIVe et XVe siècles, les enlumineurs continuèrent de produire en ce domaine de petits chefs-d'œuvre (ainsi les frères Limbourg dans les *Très Riches Heures* du duc de Berry, ou encore Jean Fouquet dans le *Livre d'heures* d'Étienne Chevalier). Mais la peinture chercha également à s'exprimer par des œuvres plus

△ **Descente de croix.** Exacerbé par les malheurs du temps, l'art du XVe siècle devint souvent pathétique ou macabre. Miniature des *Très Riches Heures* du duc de Berry (vers 1411-1414). Chantilly, musée Condé.
Phot. Giraudon.

L'Adoration des Mages, ▷ par Rogier Van der Weyden. Ce triptyque, qui doit son nom à la scène du panneau central, fut réalisé vers 1460 pour l'église Sainte-Colombe de Cologne. Le personnage debout à droite dans le panneau central est probablement Charles le Téméraire, alors qu'il n'était encore que comte de Charolais. Munich, ancienne Pinacothèque.
Phot. Kempter.

ambitieuses et de plus grandes dimensions : retables et polyptyques dans les églises, puis panneaux isolés et véritables tableaux de chevalet. À partir du début du XVe siècle, l'emploi de l'huile de lin pour délayer les couleurs, en donnant naissance à la peinture à l'huile, permit d'obtenir des teintes plus chaudes et plus nuancées. Grâce à cette technique nouvelle, la Flandre vit s'épanouir une école d'artistes (les frères Van Eyck, Rogier Van der Weyden, Hans Memling) qui rivalisèrent avec les peintres italiens. Ailleurs, à Dijon, à Tours, à Moulins, à Avignon surtout, d'autres artistes firent briller d'un vif éclat la première véritable école française de peinture.

Le mouvement littéraire et l'apparition de l'imprimerie. Les XIVe et XVe siècles ont vu paraître les dernières

Une tapisserie du XVe siècle : saint Pierre guérissant sainte Pétronille (vers 1460). Le XVe siècle fut le grand siècle de la tapisserie. Destinées à une riche clientèle princière ou patricienne, les tentures servaient à décorer les murs et étaient constamment déplacées. Les deux grands centres de production furent Arras puis Tournai. Beauvais, Musée départemental. ▷
Phot. Larousse.

△ **Charles d'Orléans,** prisonnier dans la tour de Londres. Le prince-poète resta prisonnier en Angleterre pendant un quart de siècle. Miniature de la fin du XVe siècle. British Museum.
Phot. British Museum.

grandes œuvres de la littérature médiévale, œuvres de chroniqueurs, comme Froissart ou Commynes, ou œuvres de poètes, comme Alain Chartier, Charles d'Orléans et François Villon. Ce fut également l'époque du grand théâtre religieux, avec les mystères versifiés, représentés à l'occasion des principales fêtes religieuses, et celle de l'apparition du théâtre profane, avec, au cœur du XVe siècle, ce chef-d'œuvre comique qu'est *la Farce de Maître Pathelin.*

Toutefois le mouvement littéraire français commençait déjà de subir l'influence de ce qui se passait en Italie, où l'on éprouvait le désir de puiser à d'autres sources, spirituelles et artistiques, que celles du christianisme traditionnel, de la scolastique et de l'esthétique courtoise. On se tournait vers l'Antiquité grecque et latine, que l'Église, par prudence, avait fortement christianisée et que l'on redécouvrait peu à peu. Cet esprit nouveau, qui faisait confiance à l'homme — au lieu de l'humilier totalement devant Dieu — et à ses qualités pour vaincre l'adversité, constitua ce que l'on a appelé l'« humanisme ».

Au service de cet esprit nouveau apparut, au milieu du XVe siècle, un instrument incomparable de diffusion de la pensée et

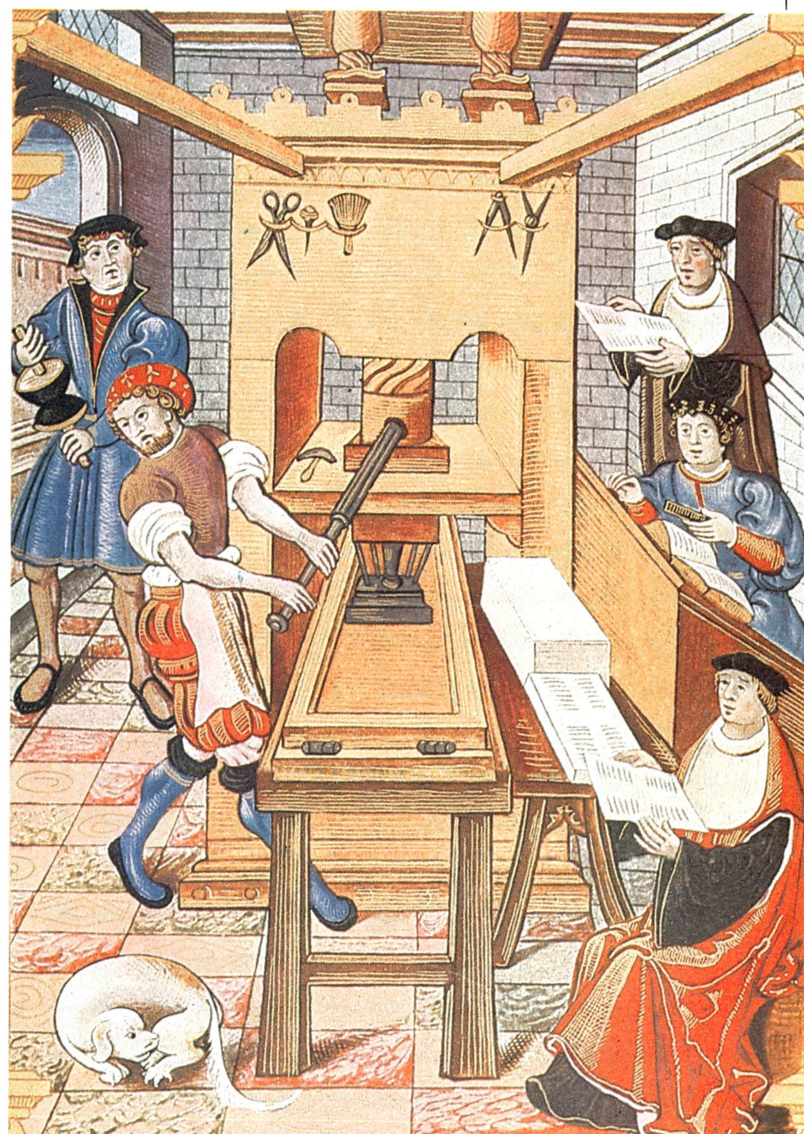

◁ **François Villon (1431-1463).** « Portrait » gravé sur bois, paru dans l'édition princeps de ses œuvres, publiée chez l'imprimeur Pierre Levet en 1489.
Phot. B. N.

△ **Un atelier d'imprimerie au XVIe siècle.** Connue en Chine dès le XIIIe siècle, l'imprimerie ne fit son apparition en Occident qu'au milieu du XVe. Elle fut tout de suite un instrument au service de l'humanisme. Elle avait été précédée d'une autre invention de grande portée : le papier.
Phot. Lauros-Giraudon-Ségalat.

des connaissances : l'imprimerie. Celle-ci fut du reste précédée d'une autre invention qui en conditionna l'apparition : le papier. Connu en Sicile dès le XIIe siècle, le papier ne fut produit et employé en grandes quantités en Europe occidentale qu'au XIVe siècle, grâce à l'intensification de la culture du chanvre et du lin, à la multiplication des moulins à papier et à l'usage des étoffes de toile comme linge de corps, ce qui fit se multiplier les vieux chiffons. Peu à peu, le papier, moins cher et plus maniable que le parchemin, remplaça celui-ci. L'imprimerie proprement dite, qui substituait des caractères mobiles et métalliques aux anciennes planches de lettres gravées sur bois, eut une gestation assez longue, puis éclata au milieu du siècle suivant. Le premier livre imprimé le fut par Jean Gutenberg, à Mayence, en 1454-1455, alors qu'il fallut attendre encore quinze ans pour qu'un livre sortît enfin d'une presse française — celle installée à la Sorbonne —, en février 1470. Mais c'était là une véritable révolution : en passant du manuscrit à l'imprimé, le livre allait pouvoir bénéficier d'une diffusion jusque-là insoupçonnée.

Enfin, deux autres inventions contribuèrent également à installer, dans l'esprit des hommes du Moyen Âge finissant, l'idée de progrès à la place qu'occupaient la tradition et la coutume : la poudre à canon et la boussole, qui transformèrent les pratiques de la guerre et de la navigation, et, par là même, une certaine conception du monde. Ce fut vers la fin du XIIIe siècle que l'on pensa à adapter la force du « feu grégeois » (mélange de résine, de salpêtre et de soufre enflammé) au lancement de projectiles. On y parvint au début du XIVe siècle, mais sans pouvoir

△ **La faune merveilleuse et inquiétante de l'Orient.** Pour l'homme du Moyen Âge finissant, l'Orient restait un lieu de fascination. Mais la chute de Constantinople en 1453 vit affluer en Occident marchands et savants qui, peu à peu, désacralisèrent partiellement cet univers onirique. Miniature du XVe siècle. B. N.
Phot. B. N.

Sixième pièce de tapisserie de *la Dame à la licorne.* ▷ Tissée pour l'un des membres de la riche famille des Le Viste, cette somptueuse suite de tapisseries n'a pas encore livré tous ses mystères. Si l'héraldique, partout envahissante, y constitue comme un hymne à la gloire du commanditaire et de sa famille, la signification allégorique des scènes — évoquant peut-être les cinq sens — demeure sur bien des points énigmatique. Paris, musée de Cluny.
Phot. Lauros-Giraudon.

toujours éviter l'éclatement au moment où le projectile était lancé. On envisagea alors de cercler les bombardes afin d'éviter un tel inconvénient. L'artillerie nouvelle fut utilisée de plus en plus fréquemment tout au long de la guerre de Cent Ans. Au début, elle ne servait qu'à effrayer les chevaux, mais bientôt elle joua un grand rôle, surtout dans les opérations de siège, et toutes les habitudes de la guerre s'en trouvèrent transformées.

La boussole eut d'aussi importantes conséquences sur la marine et les usages de la mer. Pendant presque tout le Moyen Âge, les navigateurs n'osèrent s'éloigner des côtes et se bornèrent au cabotage. Dans le courant du XIIe siècle apparut la « marinette », instrument doté d'une aiguille aimantée qui indiquait toujours la même direction. Cet objet subit diverses transformations, et, au début du XIVe siècle, naquit la première boussole, indiquant à peu près le nord et permettant de s'orienter même lorsqu'on ne voyait ni le soleil ni l'étoile polaire. On apprit progressivement à prendre le point, à naviguer de plus en plus loin des côtes et, grâce aux progrès des constructions navales, à se lancer dans des expéditions de plus en plus lointaines. À la fin de l'année 1486, Bartolomeu Dias doublait le cap de Bonne-Espérance ; et, six ans plus tard, en octobre 1492, Christophe Colomb et ses compagnons « découvraient » le continent américain.

Une nef du XVe siècle. ▷ La construction navale fit de grands progrès à la fin du Moyen Âge. La *caravelle*, légère et haute sur les flots, servait pour les voyages rapides, tandis que la *nef* et le *galion*, moins maniables, étaient surtout utilisés pour le transport des marchandises lourdes : bois, sel, grains. Miniature du XVe siècle. Musée Condé, Chantilly.
Phot. Lauros-Giraudon.

△ **Les travaux des champs au pied du château de Poitiers.** L'agriculture mit de longues décennies pour se remettre des dévastations de la guerre de Cent Ans. En certaines régions, ce ne fut qu'au milieu du XVIIIe siècle que les campagnes retrouvèrent la prospérité qui avait été la leur à l'époque de Saint Louis. Miniature des *Très Riches Heures* du duc de Berry (vers 1411-1414), Chantilly, musée Condé.
Phot. Lauros-Giraudon.

Chronologie

1328. 1er février. Mort de Charles IV le Bel.

8 avril. Philippe VI acclamé roi de France.

23 août. Bataille de Cassel.

1331-1336. Projets de croisade de Philippe VI.

1332. 8 avril. Condamnation et bannissement de Robert d'Artois.

1334-1342. Construction du palais des Papes, le Palais Vieux, à Avignon par Benoît XII.

1337. 24 mai. Troisième confiscation de la Guyenne et du Ponthieu.

7 octobre. Revendication de la couronne de France par Édouard III.

1er novembre. Défi d'Édouard III à Philippe VI.

1338. Soulèvement de la Flandre.

3 janvier. Jacob Van Artevelde, capitaine général de Gand.

10 juin. Traité de commerce anglo-flamand.

1340. 6 février. Édouard III s'intitule roi de France.

24 juin. Bataille navale de l'Écluse : défaite de la flotte française.

25 septembre. Trêve franco-anglaise d'Esplechin-sur-l'Escaut.

16 mars. Extension par ordonnance à tout le royaume d'un impôt nouveau sur le sel : la gabelle.

1341. 30 avril. Mort à Caen du duc de Bretagne Jean III. Début de la guerre de la Succession de Bretagne entre Jean de Montfort et Jeanne de Penthièvre.

7 septembre. Arrêt de Conflans : reconnaissance par les pairs des droits de Charles de Blois sur le duché de Bretagne.

1342-1352. Construction du Palais Neuf à Avignon par Pierre de Loubières.

1343. 19 janvier. Trêve de Malestroit, de trois ans, entre les rois de France et d'Angleterre.

1345. 17 juillet. Massacre de Jacob Van Artevelde, accusé d'avoir livré aux Anglais le trésor de Flandre.

1346. 11 juillet. Débarquement d'Édouard III à Saint-Vaast-la-Hougue.

26 août. Bataille de Crécy : victoire d'Édouard III sur Philippe VI de Valois.

1346-1347. 3 septembre 1346-3 août 1347. Siège de Calais.

1347. 18 juin. Bataille de La Roche-Derrien.

4 août. Capitulation de Calais devant Édouard III.

28 septembre. Trêve générale d'un an.

décembre. Apparition de la peste noire à Marseille, puis au Languedoc, en Auvergne et en Bourgogne.

1348. Extension de la peste à tout le royaume.

1349. février-avril. Acquisition définitive de Montpellier par la Couronne.

16 juillet. Investiture à Lyon par Humbert II du nouveau dauphin de Viennois, Charles de Valois, aîné des petits-fils de Philippe VI.

1350. 22 août. Mort de Philippe VI. Avènement de Jean II le Bon.

26 septembre. Sacre de Jean II le Bon.

1351. 25 mars. Combat des Trente à Mi-Voie, près de Ploërmel.

novembre. Fondation par Jean le Bon de l'ordre de l'Étoile, l'un des premiers ordres de chevalerie français.

1352. 6 janvier. Première grande fête à Saint-Ouen, siège de la compagnie, de l'ordre de l'Étoile.

1354. 8 janvier. Assassinat de Charles d'Espagne, connétable de France et favori du roi.

1355. 10 septembre. Traité de Valognes entre Jean II le Bon et Charles le Mauvais.

5 octobre-1er décembre. Chevauchée d'Édouard d'Angleterre en Languedoc.

2 décembre. Ouverture des états de langue d'oïl.

1356. 5 avril. Arrestation à Rouen de Charles le Mauvais, roi de Navarre, par Jean II le Bon.

juin-juillet. Début de la campagne anglaise dans le Sud-Ouest.

19 septembre. Bataille de Poitiers remportée par le Prince Noir sur Jean II le Bon.

1357. 3 mars. Promulgation de la Grande Ordonnance.

8 au 9 novembre (nuit du). Évasion du roi de Navarre, Charles le Mauvais, du château d'Arleux.

1358. 22 février. Massacre des maréchaux de Champagne et de Normandie, Jean de Conflans et Robert de Clermont, conseillers du Dauphin.

14 mars. Le dauphin Charles «régent» du royaume.

28 mai-10 juin. Grande Jacquerie des paysans du Beauvaisis et d'Île-de-France.

31 juillet. Meurtre d'Étienne Marcel, prévôt des marchands.

1359. Pillages des Grandes Compagnies.

1360. 8 mai. Paix de Brétigny.

24 octobre. Traité franco-anglais de Calais.

13 décembre. Retour de Jean le Bon à Paris.

1361. 21 novembre. Mort sans héritier direct de Philippe de Rouvres, duc de Bourgogne.

1362. Ravage des Grandes Compagnies dans tout le royaume, spécialement dans les provinces du Centre et du Midi.

6 avril. Victoire des routiers à Brignais, au sud de Lyon, sur les troupes royales.

19 juillet. Création par Édouard III de la principauté d'Aquitaine au profit du Prince Noir, Édouard de Woodstock.

1363. 6 septembre. Philippe le Hardi devient duc de Bourgogne.

1364. 3 janvier. Retour de Jean le Bon à Londres.

8 avril. Mort, à Londres, de Jean le Bon.

16 mai. Bataille de Cocherel : victoire de Du Guesclin sur les Navarrais.

19 mai. Sacre à Reims de Charles V.

29 septembre. Bataille d'Auray : défaite et mort de Charles de Blois.

1365. 12 avril. Traité de Guérande mettant fin à la guerre de la Succession de Bretagne.

1367. 3 avril. Bataille de Navarete en Castille : du Guesclin prisonnier des Anglais.

30 avril. Départ d'Urbain V d'Avignon pour Rome.

19 juillet. Ordonnance royale sur la mise en état de défense ou le démantèlement des places fortes françaises.

1369. 14 mars. Bataille de Montiel. Défaite et mort du roi de Castille, Pierre le Cruel.

21 mai. Défi de Charles V à Édouard III. Reprise de la guerre.

3 juin. Reprise par Édouard III du titre de «roi de France».

19 juin. Mariage de Philippe le Hardi et de Marguerite de Flandre.

1370. 19 septembre. Sac de Limoges par les Anglais.

2 octobre. Bertrand du Guesclin, connétable.

novembre. Retour d'Urbain V à Avignon.

19 décembre. Mort d'Urbain V à Avignon.

30 décembre. Élection du pape Grégoire XI (Pierre de Beaufort).

1372. 19 juillet. Alliance du duc de Bretagne avec les Anglais.

18 septembre. Reddition de La Rochelle.

1374. août. Début du siège de Saint-Sauveur-le-Vicomte par Jean de Vienne.

1376. 8 juin. Mort du Prince Noir, Édouard d'Angleterre.

1377. 17 janvier. Retour définitif de Grégoire XI à Rome.

21 juin. Mort d'Édouard III.

1378. 4-16 janvier. Visite de l'empereur Charles IV à Charles V.

27 mars. Mort du pape Grégoire XI.

8 avril. Élection du pape Urbain VI (Bartolomeo Prignano).

27 juillet. Remise de Cherbourg aux Anglais par Charles le Mauvais.

20 septembre. Élection de Clément VII (Robert de Genève). Début du Grand Schisme.

18 décembre. Confiscation du duché de Bretagne par Charles V.

1380. 29 juin. Louis d'Anjou héritier du royaume de Naples.

13 juillet. Mort de Du Guesclin.

16 septembre. Mort de Charles V.

4 novembre. Sacre de Charles VI à Reims.

1381. 8 septembre. Soulèvement de Béziers.

1381-1384. Agitation des «tuchins» en Languedoc.

1382. 17 janvier. Publication du rétablissement général des aides.

26 janvier. Soulèvement de Gand.

24 février. Soulèvement de Rouen.

1er mars. Insurrection des maillotins à Paris.

13 et 25 mars. Amnistie, puis grâce des maillotins.

printemps. Révolte des Flamands contre leur comte.

1er-2 août. Second soulèvement de Rouen.

27 novembre. Bataille de Rozebeke.

1383. 27 janvier. Suppression de la prévôté des marchands à Paris.

1384. 30 janvier. Mort à Saint-Omer du comte de Flandre, Louis de Mâle. Philippe le Hardi, duc de Bourgogne, devient comte de Flandre.

1385. 17 juillet. Mariage de Charles VI et d'Isabeau de Bavière.

18 décembre. Paix de Tournai. Rétablissement du calme en Flandre.

1386. 4 janvier. Entrée solennelle de Philippe le Hardi à Gand.

1387. 1er janvier. Mort de Charles le Mauvais, roi de Navarre.

8 avril. Mariage par procuration, à Pavie, de Louis d'Orléans et de Valentine Visconti.

1388. 18 août. Trêve entre la France et l'Angleterre.

octobre. Début du gouvernement personnel de Charles VI.

1389. 27 janvier. Jean Jouvenel des Ursins, garde de la prévôté, rétablie, des marchands de Paris.

août. Mariage, à Melun, de Louis, frère du roi, avec Valentine Visconti.

novembre 1389-janvier 1390. Voyage du roi en Languedoc.

1392. 4 juin. Don du duché d'Orléans à Louis de Touraine.

13 juin. Attentat de Pierre de Craon contre le connétable Olivier de Clisson.

5 août. Crise de démence de Charles VI dans la forêt du Mans.

1393. 31 janvier. Bal des Ardents.

1396. 25 septembre. Défaite des croisés à Nicopolis.

27 novembre. La France prend possession de Gênes.

1399. 30 septembre. Déchéance du roi d'Angleterre Richard II par le Parlement réuni à Westminster.

13 octobre. Couronnement du roi d'Angleterre Henri IV de Lancastre.

1403. 22 février. Naissance du futur Charles VII.

1404. 26 avril. Mort de Philippe le Hardi, duc de Bourgogne.

1407. 23 novembre. Assassinat du duc d'Orléans.

1409. 25 mars-7 août. Concile de Pise (26 juin : élection du pape Alexandre V).

été. Fin de la domination française sur Gênes.

1410. 2 novembre. Paix fourrée de Bicêtre entre Armagnacs et Bourguignons.

1413. 30 janvier. Ouverture des états de langue d'oïl.

20 mars. Mort d'Henri IV. Avènement d'Henri V de Lancastre.

28 avril. Première émeute cabochienne à Paris.

22 mai. Deuxième émeute cabochienne à Paris.

26-27 mai. Grande ordonnance de réforme, dite «ordonnance cabochienne».

1er septembre. Les Armagnacs rentrent dans Paris..

1414. novembre 1414-avril 1418. Concile de Constance.

1415. 11 août. Embarquement de Henri V et de son armée à Portsmouth.

13 au 14 août (nuit du). Débarquement des Anglais à Chef-de-Caux.

1415. 25 octobre. Désastre d'Azincourt.

30 décembre. Bernard d'Armagnac connétable de France.

1416. 15 août. Alliance de Henri V avec l'empereur Sigismond de Luxembourg.

octobre. Alliance de Henri V avec Jean sans Peur à Calais.

1417. 20 septembre. Prise du château de Caen par les Anglais.

11 novembre. Élection du pape Martin V par le concile de Constance : fin du Grand Schisme.

1418. 29 mai. Entrée des Bourguignons dans Paris.

12 et 13 juin. Massacre à Paris du connétable Bernard d'Armagnac et de ses partisans.

29 juillet. Début du siège de Rouen par Henri V.

26 octobre. Le dauphin Charles régent de France.

1419. 19 janvier. Capitulation de Rouen. Henri V maître de la Normandie.

10 septembre. Assassinat de Jean sans Peur à Montereau.

1420. 21 mai. Traité de Troyes.

2 juin. Mariage à Troyes de Henri V de Lancastre et de Catherine de Valois.

1er décembre. Entrée de Charles VI et de Henri V à Paris.

1421. 22 mars. Bataille de Baugé : victoire du Dauphin sur les Anglais.

1422. 31 août. Mort de Henri V.

21 octobre. Mort de Charles VI.

1424. 17 août. Bataille de Verneuil.

29 septembre. Début du siège du Mont-Saint-Michel.

1425. 7 mars. Arthur de Richemont connétable de France.

25 août. Siège et prise du Mans par les Anglais.

1428. 12 octobre. Début du siège d'Orléans par les Anglais.

1429. 12 février. Rouvray-Saint-Denis : journée des Harengs. L'échec français n'en priva pas moins les Anglais de ravitaillement.

13 février. Départ de Jeanne d'Arc de Vaucouleurs.

23 février. Arrivée de Jeanne d'Arc à Chinon.

29 avril. Entrée de Jeanne d'Arc à Orléans.

8 mai. Délivrance d'Orléans. Jeanne prend la direction de l'armée dont le commandement officiel est confié au duc d'Alençon.

18 juin. Bataille de Patay.

17 juillet. Sacre de Charles VII à Reims.

1430. 20 mai. Début du siège de Compiègne.

23 mai. Capture de Jeanne d'Arc.

1431. 9 janvier. Début du procès de Jeanne d'Arc.

30 mai. Mort de Jeanne d'Arc, brûlée vive sur le bûcher de la place du Vieux-Marché à Rouen.

16 décembre. Sacre de Henri VI de Lancastre à Notre-Dame de Paris (comme roi de France).

1435. 5 août. Ouverture du congrès d'Arras.

14 septembre. Mort de Jean, duc de Bedford, régent de France.

21 septembre. Paix d'Arras.

10 décembre. Ratification de la paix d'Arras par Charles VII.

1436. 13 avril. Reprise de Paris par les forces royales du connétable de Richemont.

17 avril. Embarquement pour Rouen des Anglais de Paris, réfugiés à la Bastille.

1437. 12 novembre. Entrée de Charles VII à Paris.

1438. 7 juillet. Pragmatique Sanction de Bourges.

1439. 2 novembre. Grande ordonnance militaire d'Orléans (non appliquée).

1440. février-15/17 juillet. La Praguerie, révolte des princes sous l'autorité nominale du dauphin Louis et réelle de Charles Ier, duc de Bourbon.

1441. 19 septembre. Prise de Pontoise par les troupes royales.

1444. 28 mai. Trêves de Tours entre la France et l'Angleterre.

1445. 9 janvier. Ordonnance de Nancy sur l'armée royale.

février ou mars. Ordonnance perdue sur les compagnies de grande ordonnance dans les pays de langue d'oïl.

1448. 28 avril. Ordonnance de Montil-lès-Tours créant les francs-archers.

1449. 24 mars. Sac de Fougères par François de Surienne dit l'Aragonais (rupture des trêves de Tours).

17 juillet. Assemblée des Roches-Tranchelion, près de Chinon : rupture officielle des trêves de Tours.

10 novembre. Entrée de Charles VII à Rouen.

1450. 9 février. Mort d'Agnès Sorel à Jumièges.

15 avril. Formigny : victoire française sur les Anglais. Charles VII reconquiert la Normandie.

24 juin. Capitulation du duc de Somerset à Caen.

1er juillet. Entrée de Dunois à Caen.

12 août. Chute de Cherbourg et de toute la Normandie.

1451. 9 mars. Remariage à Chambéry du dauphin Louis avec Charlotte de Savoie.

6 mai-21 août. Première campagne de Guyenne.

12 juin. Première capitulation de la garnison anglaise de Bordeaux.

30 juin. Occupation de Bordeaux par Dunois.

21 août. Entrée de Dunois à Bayonne.

1452. 7 avril. Révolte de Gand contre Philippe le Bon : occupation par les Gantois du château ducal de Gavere.

1453. 29 mai. Entrée des Turcs dans Constantinople.

29 mai. Condamnation de Jacques Cœur.

17 juillet. Bataille de Castillon : défaite et mort de Talbot. Charles VII reconquiert la Gascogne.

23 juillet. Défaite des Gantois à Gavere.

19 octobre. Entrée des troupes royales dans Bordeaux.

1454. 17 février. Banquet du faisan, festin organisé par Philippe le Bon à Lille.

1456. 31 mai. Arrestation de Jean II, duc d'Alençon, par le comte de Dunois.

7 juillet. Fin du procès de réhabilitation de Jeanne d'Arc.

1460. 13 mai. Condamnation du comte Jean V d'Armagnac au bannissement perpétuel.

1461. 4 mars. Proclamation à Westminster du nouveau roi d'Angleterre, Édouard IV d'York.

29 mars. Towton : victoire d'Édouard IV d'York sur Henri VI de Lancastre.

22 juillet. Mort de Charles VII à Mehun-sur-Yèvre.

15 août. Sacre de Louis XI.

septembre. Révoltes urbaines à Angers et à Reims.

22 novembre. Révocation de la pragmatique sanction de Bourges.

1462. 9 mai. Remise en gage à Louis XI des comtés de Roussillon et de Cerdagne.

10 juin. Établissement d'un parlement à Bordeaux.

1463. 9 janvier. Prise de Perpignan par Louis XI.

16 juin. Achèvement de la conquête du Roussillon par la prise de Puicerda.

8 octobre. Rachat des villes de la Somme.

1465. 11 mars-29 octobre. Ligue du Bien public.

16 juillet. Bataille de Montlhéry entre Louis XI et l'armée de la ligue.

5 et 29 octobre. Traités de Conflans et de Saint-Maur.

1467. 15 juin. Mort de Philippe le Bon.

28 octobre. Défaite des Liégeois à Brusthem.

1468. 25 janvier. Trêve entre le roi de France et François II duc de Bretagne.

6-14 avril. États généraux de Tours.

11-13 octobre. Louis XI prisonnier à Péronne.

14 octobre. Traité de Péronne.

30 octobre. Prise et destruction de Liège par les Bourguignons.

1469. 23 avril. Arrestation du cardinal Balue à Amboise.

9 mai. Traité de Saint-Omer.

1er août. Fondation de l'ordre de Saint-Michel.

1470. novembre. Assemblée de Tours.

1471. 21 mai. Mort d'Henri VI, roi d'Angleterre.

1472. 24 mai. Mort de Charles de France, frère de Louis XI.

27 juin-22 juillet. Siège de Beauvais par les Bourguignons.

1473. 4 mars. Sac de Lectoure par l'armée royale.

1474. 23 février-4 avril. Constitution par Louis XI de l'union de Constance contre Charles le Téméraire.

1475. 10 mars. Prise de Perpignan.

6 juillet. Débarquement à Calais du roi d'Angleterre Édouard IV.

29 août. Trêve de Picquigny entre la France et l'Angleterre.

1476. 2 mars. Grandson : victoire des Suisses sur Charles le Téméraire.

22 juin. Morat : victoire des Suisses sur Charles le Téméraire.

22 octobre. Début du siège de Nancy par les Bourguignons.

1477. 5 janvier. Mort de Charles le Téméraire.

1er et 19 février. Réunion des deux Bourgogne, ducale, puis comtale, au domaine royal.

19 août. Mariage de Marie de Bourgogne et de Maximilien d'Autriche.

1478. 9 janvier. Alliance perpétuelle de la France avec Venise.

15 septembre. Concile de l'Église gallicane à Orléans.

1480. 10 juillet. Mort de René d'Anjou.

20 décembre. Libération du cardinal Balue.

1481. 11 décembre. Mort de Charles du Maine. Retour à la Couronne du Maine et de la Provence.

1482. 27 mars. Mort de Marie de Bourgogne.

23 décembre. Traité d'Arras entre Louis XI et Maximilien d'Autriche : mariage du dauphin Charles avec Marguerite d'Autriche.

1483. 30 août. Mort de Louis XI.

1484. 15 janvier. Ouverture des états généraux de Tours.

30 mai. Sacre de Charles VIII à Reims.

1485. 17 janvier-2 novembre. Première phase de la Guerre folle, jusqu'à la paix fourrée de Bourges.

1488. 27 juillet. Bataille de Saint-Aubin-du-Cormier.

27 juillet-28 juin 1491. Captivité de Louis, duc d'Orléans.

9 septembre. Mort de François II, duc de Bretagne.

1491. 28 juin. Libération de Louis d'Orléans par Charles VIII. Fin de fait de la régence des Beaujeu.

6 décembre. Mariage de Charles VIII et d'Anne de Bretagne.

La bataille de Cassel (1328) vue par un peintre du milieu du XIXe siècle, Henry Scheffer. Versailles, galerie des Batailles.
Phot. J. C. Maillard-Edimedia.

Dictionnaire des personnages

Anjou Louis Ier, duc d' *(Vincennes 1339 - Bari 1384).* Deuxième fils de Jean le Bon, il remplaça son père en qualité d'otage à Londres, après les traités de Brétigny et de Calais (1360). Mais il s'enfuit trois ans plus tard et son père, jugeant l'honneur de son lignage compromis par cette fuite, revint à Londres se constituer prisonnier et y mourir. Devenu duc d'Anjou et comte du Maine, Louis fit la guerre aux Anglais, en Guyenne, pendant le règne de son frère Charles V. À la mort de celui-ci, en 1380, il devint régent du royaume, puis partit en Italie où la reine Jeanne Ire de Naples l'avait adopté et proclamé son héritier. À la mort de cette dernière, il tenta d'entrer en possession de son nouveau royaume mais n'y parvint pas et en mourut de désespoir.

comte d'Armagnac · Phot. Larousse.

Armagnac Bernard VII, comte d' *(v. 1365 - Paris 1418).* Féodal agité et ambitieux, il devint comte d'Armagnac en 1391, à la mort de son frère Jean III. En 1410, il réussit à marier sa fille, Bonne d'Armagnac, à Charles d'Orléans, fils aîné de Louis d'Orléans, que Jean sans Peur avait fait assassiner en 1407. Bernard se trouva ainsi à la tête du parti opposé aux Bourguignons, et ce parti prit le nom d'« Armagnacs ». Pendant la guerre civile, avant et après le désastre d'Azincourt, il se rendit maître de Paris et gouverna la capitale avec brutalité et tyrannie. Les Parisiens finirent par se soulever, et le comte d'Armagnac fut tué en 1418 au cours d'une violente émeute. Le duc de Bourgogne put faire son entrée dans la capitale.

Balue Jean *(Angles-sur-l'Anglin, v. 1421 - Ripatransone, Italie, 1491).* D'abord attaché à l'archevêque de Reims, il devint l'un des intimes de Louis XI, qui lui fit donner l'évêché d'Évreux, puis celui d'Angers. Ses services envers le roi lui valurent le chapeau de cardinal en 1467. Mais il trahit bientôt son souverain au profit du duc de Bourgogne et fut arrêté en 1469. Prisonnier pendant onze ans, dans de pénibles conditions, au château de Loches, Balue retrouva sa liberté grâce à l'intervention du pape et finit ses jours en Italie, comme évêque d'Albano.

Anne de Beaujeu · Phot. Lauros-Giraudon.

Beaujeu Anne de France, dame de *(Genappe, Brabant, 1461 - Chantelle 1522).* Fille aînée de Louis XI et de Charlotte de Savoie, elle fut mariée à l'âge de treize ans à Pierre II, sire de Beaujeu et duc de Bourbon. Choisie par son père pour exercer la régence pendant la minorité de son frère Charles VIII (1483-1491), elle gouverna avec autorité, réunit les états généraux en 1484, mais ne leur fit aucune concession, vainquit les révoltes des princes menées par le duc d'Orléans (le futur Louis XII), et paracheva l'unification territoriale accomplie par son père en préparant le rattachement du duché de Bretagne à la Couronne grâce au mariage de Charles VIII et d'Anne de Bretagne en 1491.

Beaumanoir Jean III, sire de *(† vers 1366 ou 1367).* Maréchal de Bretagne et capitaine de Josselin, partisan de Charles de Blois contre la maison de Montfort, il acquit la célébrité le 25 mars 1351 en livrant avec trente compagnons bretons un combat « singulier » contre trente soldats anglais commandés par Richard Bramborough, à Mi-Voie, près de Ploërmel. Le combat dura une journée entière et s'acheva par la victoire des Français. Il eut un grand retentissement auprès des contemporains, et Froissart en a laissé un récit émouvant. Plus tard, Beaumanoir remplit différentes missions diplomatiques en Angleterre pour le service du roi de France.

Bedford Jean de Lancastre, duc de *(1389 - Rouen 1435).* Troisième fils du roi d'Angleterre Henri IV, il fut fait duc par son frère Henri V en 1414 et guerroya en France jusqu'au traité de Troyes, en 1420. À la mort de Charles VI, en 1422, il devint régent du royaume de France, au nom de son neveu Henri VI, à peine âgé de dix mois. Bedford exerça cette régence de droit jusqu'en 1430, mais il resta à la tête des affaires jusqu'à sa mort. Il s'attacha à gouverner le royaume de France avec sagesse et équité, tout en luttant contre les troupes de Charles VII, le « roi de Bourges ». L'apparition de Jeanne d'Arc puis l'abandon par les Bourguignons de l'alliance anglaise poussèrent finalement Bedford à tenter une politique de conciliation dans l'intérêt des deux royaumes. Il mourut sans qu'elle puisse aboutir. Brillant soldat, politicien habile, excellent administrateur, le duc de Bedford fut un prince remarquable, que les historiens français ont injustement déprécié. Ce fut en outre un grand mécène et collectionneur, l'un des plus riches de son temps, l'un des plus cupides également.

Benoît XII · Phot. G. P. A.-Loury

Benoit XII, Jacques Fournier *(Saverdun, pays de Foix, vers 1284 - Avignon 1342),* pape de 1334 à 1342. Fils d'un boulanger, il devint abbé de Fontfroide (1311), évêque de Pamiers (1317) et enfin pape (1334), le troisième à résider en Avignon. Réformateur, il remit de l'ordre dans les affaires de la papauté, réorganisa les ordres religieux, lutta contre la simonie et le népotisme. En politique, il fut toutefois à la solde du roi de France, qui l'empêcha de retourner à Rome. Malgré ses efforts, Benoît XII ne réussit pas à empêcher la guerre entre Philippe VI et Édouard III.

Berry Jean, duc de *(Vincennes 1340 - Paris 1416).* Troisième fils de Jean le Bon, il hérita de sa mère, Bonne de Luxembourg, un goût très vif pour les arts et les collections. Mécène fastueux, protecteur des artistes, collectionneur de manuscrits richement enlu-

Jean de Berry · Phot. Lauros-Giraudon.

minés, bâtisseur de châteaux, il se signala aussi par des exactions dans son fief du Berry et dans son gouvernement de Languedoc. Il joua un rôle politique pendant la minorité de son neveu Charles VI (1380-1388), puis, lorsque celui-ci fut atteint de démence (1392), il louvoya au mieux de ses propres intérêts entre la maison d'Orléans et celle de Bourgogne. En pleine guerre civile, il n'hésita pas à traiter avec les Anglais, auxquels il promit la Guyenne (1412).

Blois CHARLES DE *(1319 - Auray 1364).* Fils du comte Gui de Châtillon, il épousa, en 1337, Jeanne de Penthièvre, nièce du duc de Bretagne Jean III. À la mort de celui-ci (1341), il fit valoir les droits de sa femme au duché et entra en compétition avec l'oncle de celle-ci, Jean de Montfort. Cette guerre de la Succession de Bretagne fut longue et confuse. Charles trouva un allié en la personne du roi de France Philippe VI, qui le reconnut duc de Bretagne. Prisonnier des Anglais qui soutenaient son compétiteur (bataille de La Roche-Derrien, 1347), il fut relâché contre une forte rançon (1356), puis tué à la bataille d'Auray (1364). Très pieux, il a été béatifié.

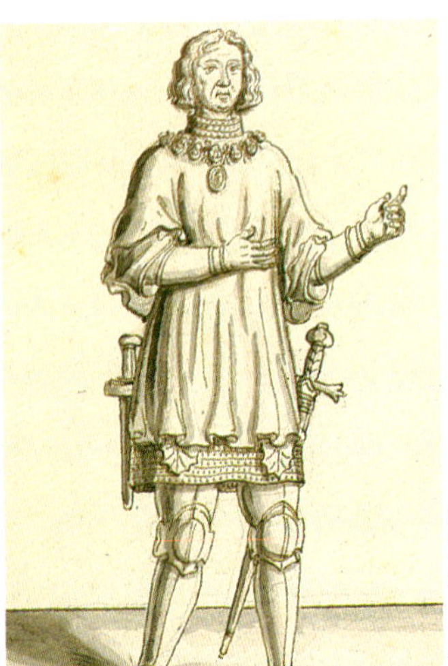

Chabannes - Phot. B. N.

Chabannes ANTOINE DE *(Saint-Exupéry, Limousin, v. 1408 - Paris 1488).* Après avoir combattu aux côtés de Jeanne d'Arc, ce bouillant capitaine de guerre devint l'un des favoris de Charles VII, spécialement affecté à la surveillance du dauphin Louis. Lorsque ce dernier devint roi, Chabannes tomba en disgrâce et ses biens furent confisqués. Mais il sut retrouver la faveur royale et même devenir l'un des confidents de Louis XI.

Charles de France *(Montils-lès-Tours 1446 - Bordeaux 1472).* Dernier fils de Charles VII et de Marie d'Anjou, Charles était de vingt-trois ans plus jeune que son frère Louis XI. Prince faible et constamment insatisfait, il se laissa entraîner dans plusieurs révoltes de grands féodaux mécontents de la politique royale. Il n'hésita pas à s'allier au duc de Bourgogne et au roi d'Angleterre pour combattre son frère. Sa mort, en 1472, fut une opportunité heureuse pour le roi. Certains chroniqueurs accusèrent (à tort) ce dernier de l'avoir fait empoisonner.

Charles d'Orléans *(Paris 1394-Amboise 1465).* Fils de Louis d'Orléans et de Valentine Visconti, il eut une jeunesse malheureuse, après l'assassinat de son père par les hommes du duc de Bourgogne en 1407. Chef malgré lui de la faction Orléans-Armagnac, dont l'homme fort était son beau-père, Bernard VII comte d'Armagnac, il participa malgré son jeune âge à la guerre civile puis à la guerre étrangère. Il fut blessé et fait prisonnier sur le champ de bataille d'Azincourt. Sa captivité en Angleterre dura vingt-cinq longues années. C'est là qu'il commença son œuvre poétique, versifiant sa mélancolie et la nostalgie de sa « Douce France ». Libéré enfin en 1441, il rentra en France et, après avoir noué quelques intrigues politiques et diplomatiques malheureuses, il se retira dans son château de Blois et se consacra uniquement à la poésie. Ses rondels et ses ballades le placent parmi les tout premiers dans l'histoire des poètes français.

Charles le Téméraire - Phot. Larousse-Giraudon.

Charles le Téméraire DUC DE BOURGOGNE *(Dijon 1433 - Nancy 1477).* Fils et successeur de Philippe le Bon, qui, à partir de 1465, lui laissa le gouvernement de ses Etats, Charles avait reçu une brillante éducation. Courageux, ardent, loyal et franc, il avait un caractère emporté et entêté, ce qui le handicapait devant un adversaire aussi retors et cynique que Louis XI. Son grand dessein fut de réunir ses possessions de Flandre et des Pays-Bas à celles de Bourgogne, et de se faire couronner roi d'un vaste royaume entre la France et l'Empire. Il fut bien près d'y parvenir ; mais les ruses de son adversaire, le roi de France, et les trahisons de bon nombre de ses amis l'empêchèrent de parvenir à ses fins. Tout son règne fut marqué par les guerres qu'il mena pour étendre ses domaines et combattre Louis XI. En vain chercha-t-il à s'allier à l'empereur et au roi d'Angleterre. Défait par les Suisses en 1476, il trouva la mort au début de l'année suivante sous les murs de Nancy. Ce fut la fin de l'empire bourguignon.

Charles II le Mauvais *(1332 - Pampelune ? 1387),* roi de Navarre (1349-1387). Fils aîné de Jeanne, reine de Navarre, écartée de la succession au trône de France en 1317, il descendait de Saint Louis tant par son ascendance maternelle que paternelle. Devenu roi de Navarre en 1349, il prétendit avoir des droits au trône de France, notamment en cas d'extinction de la branche des Valois ; toute sa vie il ne cessa de fomenter des troubles dans l'espoir de réaliser ses ambitions. Emprisonné par Jean le Bon en 1356, il s'évada à la fin de l'année suivante. Profitant de la captivité du roi en Angleterre, il se joignit à Étienne Marcel pour soulever Paris contre le dauphin Charles. Mais la révolution parisienne échoua et Charles le Mauvais dut se soumettre. Plus tard, pendant le règne de Charles V, il fut

battu par du Guesclin à Cocherel (1364). Il se tourna alors vers l'Espagne et eut de longs démêlés avec Pierre le Cruel et Henri de Trastamare qui se disputaient le royaume de Castille. Partout, ses complots et ses trahisons le firent détester, et aucun de ses projets n'aboutit. Après avoir vendu Cherbourg aux Anglais (1378), il passa la fin de sa vie dans son royaume de Navarre et y mourut dans des circonstances restées mystérieuses.

Charles IV de Luxembourg *(Prague 1316 - Prague 1378).* Fils du roi de Bohême Jean de Luxembourg, grand ami des Valois tué à la bataille de Crécy (1346), il devint empereur du Saint Empire (1355). Contrairement à ses prédécesseurs, il se désintéressa de l'Italie et s'occupa surtout de renforcer la puissance de sa maison en Allemagne méridionale et en Bohême. Ami des lettres et des arts (il fonda l'université allemande de Prague en 1348), il fut aussi habile en politique et promulgua, en 1356, la célèbre Bulle d'or, qui fixait les règles de l'élection impériale. La visite qu'il fit à son neveu le roi de France Charles V en 1378, a frappé tous les contemporains par son faste et son caractère exceptionnel.

Charles V *(Vincennes 1338 - Beauté 1380).* Fils aîné de Jean le Bon et de Bonne de Luxembourg, il fut d'abord duc de Normandie puis dauphin de Viennois (1349) ; il se révéla très vite différent de son père et de son grand-père. Après la défaite de Poitiers, et lors de la captivité de Jean le Bon, il devint lieutenant du roi, puis régent du royaume. Dans la crise révolutionnaire des années 1356-1358, il montra, mal-

Charles V - Phot. Lauros-Giraudon.

gré son jeune âge, toute son habileté politique et ses qualités de chef. Devenu roi en 1364, il sut, contrairement à ses prédécesseurs, s'entourer de conseillers compétents et dévoués. Son œuvre fut celle du redressement de la France et de l'autorité monarchique. Avec du Guesclin, il réussit à reprendre aux Anglais presque tous les territoires concédés par les traités de Brétigny et de Calais. À l'intérieur, il rétablit le prestige des Valois, remit de l'ordre dans les affaires du royaume et développa dans tous les domaines le pouvoir du souverain.

Charles VI - Phot. Lauros-Giraudon.

Charles VI *(Paris 1368 - Paris 1422).* Fils aîné de Charles V, ayant reçu une éducation soignée, il monta sur le trône en 1380 alors qu'il n'était âgé que de douze ans. Pendant huit ans, il subit la tutelle de ses oncles, qui exercèrent une régence de droit puis de fait. Affirmant sa volonté de gouverner personnellement, il renvoya ses oncles en 1388 et rappela les anciens conseillers de son père, pour le plus grand bien du royaume. Toutefois, dès 1392, il manifesta les premiers signes de démence qui, malgré des intervalles de demi-lucidité, allèrent en s'accentuant jusqu'à sa mort, trente ans plus tard. La France avait un roi fou ; elle sombra dans l'anarchie, la guerre civile et l'occupation étrangère dès avant le désastre d'Azincourt (1415) et le traité de Troyes (1420). Abandonné par la plupart des membres de sa famille, trahi par sa femme Isabeau de Bavière, reclus derrière les murs de son hôtel de Saint-Pol, Charles VI resta jusqu'au bout aimé de ses sujets. Son très long règne fut néanmoins le plus malheureux et le plus sombre de toute l'histoire de France.

Charles VII - Phot. B.N.

Charles VII *(Paris 1403 - Mehun-sur-Yèvre 1463).* Cinquième fils et onzième des douze enfants de Charles VI et d'Isabeau de Bavière, il ne devint Dauphin et héritier du trône qu'en 1417, après la mort de ses quatre frères aînés. De tempérament apathique, il fut longtemps sous la coupe de favoris ou de conseillers maladroits ou incompétents. En mai 1418, il dut fuir Paris occupé par les Bourguignons et se réfugier à Bourges. Déshérité par le traité de Troyes (1420), il devint, après la mort de Charles VI (1422), le « roi de Bourges », auquel seuls le centre et le midi de la France restaient fidèles. Indolent, timoré, mal conseillé, il ne chercha à conquérir son royaume qu'avec l'intervention de Jeanne d'Arc (1429) — mais il ne fit rien pour la soustraire à son sort tragique — et après la paix qu'il conclut avec le duc de Bourgogne (1435). Sous l'influence du connétable de Richemont, il se ressaisit définitivement après 1440, entreprit des réformes militaires et financières et reprit victorieusement la lutte contre les Anglais en 1449. Quatre ans plus tard, ceux-ci étaient chassés du royaume, où ils ne conservaient que Calais. Charles se consacra alors à briser l'agitation nobiliaire et à relever la France de ses ruines. Grâce à ses efforts dans la seconde partie de son règne et à son indéniable œuvre de restauration, il sut, sans heurter l'opinion publique, renforcer l'autorité monarchique et cimenter l'union des Français derrière sa personne, « symbole de la nation ».

Chartier Alain *(Bayeux 1385 - Avignon v. 1435).* Clerc au service de Charles VI puis de Charles VII, il a laissé une œuvre double de poète et d'écrivain politique. Poète lyrique et mélancolique, il fut aussi un écrivain engagé, témoin des malheurs de son temps et vibrant patriote, lançant des appels pathétiques pour la libération du royaume. Prosateur remarquable, nourri de culture et de rhétorique antiques, il peut être considéré comme le fondateur de l'éloquence française.

Clément VI - Phot. Larousse.

Clément VI, Pierre Roger *(Maumont, Limousin, 1291 - Avignon 1352).* Bénédictin, puis archevêque de Sens (1329) et de Rouen (1330), il fut élu pape en 1342. Ami du faste et des arts — son couronnement donna lieu à une pompe encore jamais vue en Occident —, il fut le quatrième pape d'Avignon, où il aménagea somptueusement le palais apostolique. Précurseur des papes de la Renaissance, il s'entoura d'artistes et de lettrés, tel Pétrarque. Sa cour fut la plus brillante d'Occident. Il se montra également habile en politique, et pendant la peste de 1347-1349, il accorda sa protection aux juifs que les populations rendaient responsables de l'épidémie.

Clément VII - Phot. Lauros-Giraudon.

Clément VII, Robert de Genève *(Genève 1342 - Avignon 1394),* pape d'Avignon de 1378 à 1394. Archevêque de Cambrai et cardinal, il fut élu pape en septembre 1378 par treize cardinaux opposés à Urbain VI, qui avait lui-même été élu pape quelques semaines plus tôt. Cette double élection constitua le début du Grand Schisme de l'Église, qui perdura jusqu'en 1417.

Clisson Olivier IV, sire de *(Clisson 1336 - Josselin 1407).* Fils d'un puissant seigneur breton que Philippe VI avait fait exécuter en 1343 pour trahison, Olivier de Clisson fut élevé en Angleterre, qu'il servit d'abord comme homme de guerre. Mais, en 1370, il passa du côté français et devint le frère d'armes de Bertrand du Guesclin, auquel il succéda comme connétable de France en 1380. Très influent dans le gouvernement de la France jusqu'à la folie de Charles VI, il dut, après 1392, se retirer dans ses terres de Bretagne.

Cœur Jacques *(Bourges v. 1395 - Chio 1456).* Fils d'un riche pelletier de Bourges, il se lança très jeune dans des affaires monétaires et commerciales et sut gagner la confiance du roi. Son ascension fut prodigieuse (il fut anobli et entra au Conseil) et sa fortune immense. Menant de front toutes sortes d'entreprises (banque, commerce, monnaies, mines, trafics en tout genre), il devint le véritable ministre des Finances de Charles VII. Riche, puissant, protégé, il ne connut plus de limites à ses ambitions et suscita les plus vives jalousies. Ses ennemis et ses créanciers réussirent à lui ôter la confiance du roi, puis à le faire condamner pour ses malversations en 1453. Ses biens furent confisqués et il fut emprisonné. Il s'échappa en 1454 pour aller mourir en Orient, en commandant une expédition pontificale contre les Turcs. Dans la France meurtrie de la fin de la guerre de Cent Ans, il avait plus que quiconque redonné un puissant essor au commerce français.

Commynes - Phot. Lauros-Giraudon.

Commynes Philippe de *(Renescure, près d'Hazebrouck ?, 1447 - Argenton 1511).* Fils d'un seigneur artésien, chef de guerre au service de Philippe le Bon, il devint de bonne heure l'écuyer de Charles le Téméraire lorsque celui-ci n'était encore que comte de Charolais. Une fois duc, Charles en fit son chambellan et l'un de ses principaux conseillers. Commynes semble alors avoir tenté de rapprocher le duc de Bourgogne et le roi de France, notamment lors de l'affaire de Péronne. Quatre ans plus tard, dans la nuit du 7 au 8 août 1472, il trahit son prince, s'enfuit des territoires bourguignons et passa au service de Louis XI. Cette trahison étonnante semble avoir eu pour seul moteur la cupidité. Commynes fut comblé d'honneurs et de titres par son nouveau maître, qui lui fit remplir d'importantes missions diplomatiques. Toutefois, la disgrâce de Commynes commença dès la fin du règne de Louis XI et se prolongea pendant celui de ses deux successeurs. Retiré sur ses terres du Poitou, il y commença en 1489 la rédaction de ses *Mémoires,* dont les six premiers livres sont consacrés au règne de Louis XI. Plus qu'un témoin, il s'y révèle un véritable historien, très différent des chroniqueurs qui l'ont précédé, doté d'une intelligence pénétrante et d'une capacité d'analyse et de réflexion peu commune s'ouvrant sur une véritable philosophie de l'histoire.

Dunois Jean d'Orléans, comte de *(Paris 1403 - L'Hay 1468).* Fils de Louis d'Orléans et de Mariette d'Enghien, dame de Cany, il prit tout jeune fait et cause pour le parti Armagnac et le dauphin Charles. Dès l'avènement de ce dernier (1422), il devint l'un de ses principaux conseillers et chefs de guerre. Capitaine remarquable, il seconda vaillamment Jeanne d'Arc et continua la lutte après son supplice. Il contribua à l'élaboration et à la mise en œuvre des réformes militaires de Charles VII, dont il fut l'un des principaux bénéficiaires. Lieutenant général du roi (1449), il révéla ses qualités de tacticien et de stratège lors de la reconquête de la Normandie (1449-1450) et de la Guyenne (1451). Fidèle à son roi, malgré une défaillance très momentanée lors de la Praguerie (1440), il ne s'opposa à Louis XI dans la ligue du Bien public que parce que ce souverain l'avait privé d'une partie de ses biens en 1465.

Dunois - Phot. B. N.

Édouard de Woodstock - Phot. Boudot-Lamotte.

Édouard de Woodstock prince de Galles, dit le Prince Noir *(Woodstock 1330 - Westminster 1376).* Fils aîné du roi d'Angleterre Édouard III, il se distingua tout jeune à la bataille de Crécy, puis révéla ses dons exceptionnels de chef de guerre en remportant sur Jean le Bon la grande victoire de Poitiers (1356). Investi par son père du duché d'Aquitaine (1362), il s'installa à Bordeaux où il tint une cour brillante et fastueuse, à l'image de celle des premiers Valois. Il combattit ensuite contre du Guesclin, en Espagne puis en France ; il y fut plus souvent victorieux que son adversaire. Mais, à partir de 1372, sa mauvaise santé l'éloigna des champs de bataille et de la vie politique. Il mourut en 1376, un an avant son père, et fut pleuré dans tout l'Occident tant était grande l'admiration que lui vouaient ses contemporains. Il fut certainement l'un des plus grands capitaines de guerre de tous les temps. Son surnom lui venait du vêtement noir dont il aimait recouvrir son armure.

Édouard III *(Windsor 1312 - Sheen Richmond 1377),* roi d'Angleterre (1327-1377). Fils et successeur d'Édouard II, il régna d'abord sous la tutelle de sa mère et du favori de celle-ci, Roger Mortimer. Énergique et ambitieux, il inaugura son règne personnel en vengeant son père (exécution de Mortimer en 1330). Petit-fils de Philippe le Bel, il fit valoir ses droits à la couronne de France et déclencha, en 1337, ce qui devint la guerre de Cent Ans. Il remporta sur Philippe VI et Jean II le Bon des succès considérables (Crécy, 1346, Poitiers, 1356), mais fut moins heureux contre Charles V et du Guesclin. Il fut néanmoins le roi le plus puissant de son temps et l'un des plus grands rois d'Angleterre. Son long règne de cinquante ans fut marqué par une anglicisation très nette du royaume, tant dans l'administration que dans la vie quotidienne.

Ferré le Grand *(Rivecourt, Picardie, v. 1330 - id. 1359).* Paysan d'une taille gigantesque et d'une force herculéenne, il défendit le manoir fortifié de Longueil-Sainte-Marie, près de Creil, en combattant les Anglais dans la compagnie de Guillaume L'Aloue, en 1359. Par ses exploits, il acquit une grande renommée et incarna un certain sentiment national de résistance à l'envahisseur. Il mourut après avoir bu de l'eau glacée alors qu'il était en sueur. La légende s'empara aussitôt de son histoire.

Fouquet Jean *(Tours v. 1420 - id. entre 1477 et 1481).* La vie du plus grand peintre français du XVe siècle nous est fort mal connue. Nous ne savons rien de sa formation, mais il semble certain qu'il ait d'abord travaillé à Bourges, puis effectué un voyage en Italie autour des années 1445-1455. C'est avant son départ pour la Péninsule qu'il aurait réalisé son célèbre portrait de Charles VII. À son retour, il s'installa à Tours et travailla pour la Cour, la ville et les grands fonctionnaires du royaume, alternant la peinture de manuscrit et celle de chevalet. Son chef-d'œuvre, le *Livre d'Heures* d'Étienne Chevalier, trésorier de France, a été réalisé vers 1460 et eut une grande influence sur l'enluminure de la fin du XVe siècle, notamment en raison des techniques nouvelles qu'il apportait pour rendre dans la peinture l'espace à trois dimensions. À partir des années 1470, son atelier devint extrêmement productif, mais le maître n'eut pas de véritables disciples.

François II duc de Bretagne *Nantes 1435 - château de Couëron, près de Nantes, 1488).* Succédant à son oncle Arthur III de Richemont, il devint duc de Bretagne en 1458. Pendant tout son règne, il s'efforça de défendre l'indépendance bretonne contre la France, en soutenant les ennemis du roi et en participant aux révoltes féodales contre Charles VII et contre Louis XI. Sous la régence des Beaujeu, la défaite de ses troupes à Saint-Aubin-du-Cormier (1488) sonna le glas de l'indépendance du duché. Trois ans plus tard, sa fille, Anne, épousait le roi de France Charles VIII.

Froissart Jean *(Valenciennes 1333 ou 1337 - Chimay après 1400).* D'abord

Froissart - Phot. Giraudon.

destiné à l'Église, il décida vers 1360 de se consacrer aux lettres et d'écrire l'histoire des guerres de son temps. Cela le conduisit à voyager dans toute l'Europe occidentale et à rencontrer tous les princes en conflit pendant la seconde moitié du XIVe siècle. Sa célèbre *Chronique* couvre toute la période allant de 1322 à 1400. Tour à tour favorable aux Anglais, puis aux Français, partiale, brillante, personnelle, elle constitue un précieux document d'histoire narrative de l'aristocratie dans une longue période de crise politique.

Grégoire XI - Phot. G. Betti.

Grégoire XI, PIERRE ROGER DE BEAUFORT *(Rosiers d'Égletons, Corrèze, 1329 -Rome 1378),* pape de 1370 à 1378. Cardinal dès 1348 alors qu'il n'était âgé que de dix-neuf ans, il fut élu pape en 1370 et se montra pendant huit ans un pontife actif et scrupuleux. Il s'efforça de réconcilier Charles V et Édouard III, lutta contre les hérésies et, surtout, se décida, en 1377, sur les instances de sainte Catherine de Sienne, à quitter Avignon pour regagner Rome. Ce retour mettait fin à près de trois quarts de siècle d'exil des papes hors d'Italie. La mort de Grégoire XI en 1378 et l'élection double qui s'ensuivit donnèrent naissance au Grand Schisme. Grégoire XI fut le dernier pape français.

Du Guesclin - Phot. Lauros-Giraudon.

Guesclin BERTRAND DU *(La Motte-Broons, près de Dinan, v. 1320 - Châteauneuf-de-Randon 1380).* Aîné d'une famille bretonne noble mais pauvre, il apprit très tôt à se battre et révéla ses talents de capitaine et de stratège. Entré au service du dauphin Charles pendant la crise de 1356-1358, il sut acquérir la pleine confiance de celui-ci et lui fut désormais totalement dévoué. Devenu roi, Charles V en fit son principal collaborateur militaire et l'éleva à la dignité de connétable de France en 1370. Petit, laid, coléreux, du Guesclin n'était guère apprécié dans le milieu des princes, mais il fut très aimé de ses soldats. Il pratiqua une nouvelle tactique faite de coups de main et d'embuscades et non plus de longues chevauchées et de grandes batailles. La méthode fut efficace puisque, malgré quelques échecs, il réussit en moins de dix ans à reprendre aux Anglais une grande partie de leurs possessions à l'intérieur du royaume de France.

Henri V ROI D'ANGLETERRE *(Monmouth 1387 - Vincennes 1422).* Avant même d'être roi, il avait montré toutes ses qualités de chef militaire en faisant la guerre contre les Gallois. Il monta sur le trône en 1413, à la mort de son père Henri IV ; son court règne de neuf ans fut marqué par une restauration brillante de l'autorité monarchique, due en grande partie aux qualités de ce souverain. Profitant de la guerre civile qui déchirait la France, il reprit les expéditions militaires sur le continent et remporta la victoire d'Azincourt en 1415. Après avoir conquis la Normandie, il prépara, avec la reine Isabeau et le duc de Bourgogne Philippe le Bon, le traité de Troyes (1420). En lui accordant la main de Catherine de France, fille de Charles VI, ce document le désignait comme héritier du royaume de France, au préjudice du véritable Dauphin, Charles. Sa mort, en 1422, à trente-cinq ans, ruina les espérances anglaises et constitua un tournant dans la guerre de Cent Ans. Capitaine incomparable, prince juste mais impitoyable, souverain prestigieux, il fut admiré de tous ses contemporains et devint pour les Anglais un héros de légende.

Isabeau de Bavière - Phot. Giraudon.

Isabeau de Bavière *(Munich 1371 - Paris 1435).* Fille du duc Étienne II de Bavière, elle fut mariée à Charles VI en 1385. Le roi étant devenu fou en 1392, elle fut placée à la tête d'un Conseil de régence, dont faisaient partie tous les princes du sang. D'abord favorable au duc Louis d'Orléans, qui fut peut-être son amant, elle finit par se rallier au parti bourguignon, lors de la guerre civile. Après le meurtre de Jean sans Peur (1419), elle laissa accréditer la thèse de l'illégitimité du dauphin Charles, ce qui permit au nouveau duc de Bourgogne, Philippe le Bon, d'élaborer le traité de Troyes (1420), qui faisait du roi d'Angleterre Henri V le gendre de Charles VI et l'héritier du trône de France. Après la mort de Henri V et de Charles VI, elle se retira de la vie politique et connut une fin misérable. La triste réputation que lui ont faite les historiens n'est pas totalement justifiée.

Jeanne de Bourgogne *(v. 1293 - Paris 1348),* reine de France (1326-1348). Fille du duc de Bourgogne Robert II, elle épousa en 1313 Philippe, comte de Valois, qui devint en 1328 roi de France sous le nom de Philippe VI. Elle exerça sur lui une grande influence. Le peuple, qui ne l'aimait pas, la surnomma « la male reine ».

Jeanne de Bourgogne - Phot. Lauros-Giraudon.

Jean sans Peur - Phot. Lauros-Giraudon.

Jean sans Peur DUC DE BOURGOGNE *(Dijon 1371 - Montereau 1419).* Fils du fastueux duc de Bourgogne et comte de Flandre Philippe le Hardi, il montra sa bravoure à la croisade malheureuse de Nicopolis en 1396. Devenu duc en 1404, il dévoila rapidement ses ambitions et son intelligence politique. Après avoir fait assassiner son rival le duc d'Orléans (1407), il devint le prince le plus influent du royaume, mais fut incapable d'enrayer la guerre civile. Pour évincer le parti armagnac, il se rapprocha des Anglais, s'abstint de combattre à Azincourt et intrigua pour son propre compte. Il fut assassiné à Montereau, alors qu'il tentait de se réconcilier avec le Dauphin. Ce crime fit rebondir la guerre civile entre Armagnacs et Bourguignons et favorisa les entreprises anglaises. Tout absorbé par les affaires du royaume de France, Jean sans Peur avait abandonné le gouvernement de ses propres États à sa femme, l'énergique Marguerite de Bavière.

Jean Ier de Luxembourg - Phot. Lauros-Giraudon.

Jean Ier de Luxembourg l'Aveugle *(1296 - Crécy 1346),* roi de Bohême (1310-1346). Fils de l'empereur Henri VII, il devint roi de Bohême en 1310. Délaissant ses États, il eut une existence mouvementée, parcourant tous les champs de bataille d'Europe. Roi-chevalier, il fut l'ami de Philippe VI de Valois dont il fréquenta assidûment la cour. Devenu aveugle, il fit élire son fils Charles IV à l'Empire (1346) avant d'être tué à la bataille de Crécy.

Jean II le Bon *(Le Gué de Maulny, Sarthe, 1319 - Londres 1364),* roi de France (1350-1364). Fils du roi de France Philippe VI de Valois, il naquit avant l'accession de son père au trône de France. Chevalier courageux mais homme impulsif, il n'était pas fait pour gouverner la France, malgré le long apprentissage de son métier de roi. Il succéda à son père en 1350, à l'âge de trente et un ans. Se livrant à de mauvais conseillers, il multiplia les fêtes et les dépenses, ne put empêcher les complots du roi de Navarre, Charles le Mauvais, et fut responsable du désastre de Poitiers (1356). Emmené captif à Londres, il dut conclure quatre ans plus

Jean le Bon - Phot. L. L.

tard, avec le roi d'Angleterre, le lourd traité de Brétigny-Calais qui lui rendait sa liberté, mais qui amputait son royaume de toute sa partie sud-ouest. Libéré contre une lourde rançon de trois millions d'écus d'or et la remise de deux de ses fils comme otages, il retourna à Londres se constituer prisonnier lorsqu'il apprit que l'un d'eux avait fui. Il y mourut en 1364, laissant le souvenir d'un règne désastreux.

Jean V - Phot. L. L.

Jean V DUC DE BRETAGNE *(château de l'Hermine, près de Vannes, 1389 - château de la Touche, près de Nantes, 1442).* Petit-fils de Charles le Mauvais, roi de Navarre, il devint duc de Bretagne en 1399, à la mort de son père Jean IV. Avec son règne s'ouvrit la période la plus brillante de l'histoire de la Bretagne, qui réussit pratiquement à se maintenir indépendante jusqu'à la fin du XVe s. Dans le conflit franco-anglais, Jean V pratiqua constamment une politique de bascule. Il adhéra au traité de Troyes à la mort de Charles VI, mais finit par se réconcilier avec Charles VII. Puis, à la veille de sa mort, en 1440, il ne put s'empêcher de se révolter à nouveau et de participer à la Praguerie.

Jouvenel des Ursins JEAN II *(Paris 1388 - Reims 1473).* Fils d'un ancien garde de la prévôté des marchands hostile aux Bourguignons, il devint un fidèle du roi de Bourges puis entra dans les ordres. Évêque de Beauvais puis de Laon, il reçut, en 1449, le siège archiépiscopal de Reims et fut l'un des personnages importants du gouvernement pendant la seconde partie du règne de Charles VII. Son frère Guillaume (Paris 1401 - *id.* 1472), homme de guerre et magistrat, fut aussi un conseiller influent du roi. Chancelier de France (1445), il fut disgracié par Louis XI (1461), qui le réintégra dans ses fonctions en 1465.

Robert Le Coq - Phot. B. N.

Le Coq ROBERT *(Montdidier 1310 - Calahorra, en Espagne, 1368).* Après avoir suivi une carrière juridique, il entra dans les ordres et devint évêque de Laon en 1351. Participant aux états de 1356 et 1357, il devint, grâce à ses dons d'orateur, un des chefs de la rébellion contre l'autorité monarchique. Son but était d'installer Charles le Mauvais, roi de Navarre, sur le trône de France. Il n'y parvint pas, malgré l'ascendant qu'il exerçait sur Étienne Marcel et les révolutionnaires parisiens. Chassé de Paris par le retour triomphal du Dauphin, il se réfugia auprès du roi de Navarre, qui lui fit donner l'évêché de Calahorra, en Vieille-Castille (1362).

Le Dain OLIVIER NECKER, DIT *(v. 1430 - Paris 1484).* Originaire de la Flandre, il entra en 1469 comme barbier au service de Louis XI, dont il devint l'un des plus proches collaborateurs. Anobli en 1474, il devint l'exécuteur des basses besognes du roi, son espion favori, son bourreau et son âme damnée. Il commit des exactions de toutes sortes et fut pendu au gibet de Montfaucon dès l'avènement de Charles VIII.

Louis XI - Phot. B. N.

Louis XI *(Bourges 1423 - Plessis-lez-Tours 1483).* Fils aîné de Charles VII et de Marie d'Anjou, il était laid, disgracié, négligé dans sa mise, dévot et cruel, mais il possédait une intelligence aiguë et d'immenses ressources de diplomatie et de ruse. Impatient de régner, il ne cessa, pendant les longues années où il ne fut que Dauphin, de fomenter des troubles contre son père. Devenu roi en 1461, il continua l'œuvre de remise en état de la monarchie et du royaume entreprise depuis le milieu du siècle. Il mit toute sa passion à lutter contre la grande noblesse turbulente, dont il avait été autrefois le complice, et à contrecarrer les ambitions du duc de Bourgogne, Charles le Téméraire, dont il fut l'ennemi le plus acharné. Son habileté, son énergie et la chance lui permirent de parvenir à ses fins dans la plupart de ses projets. Il fut le grand artisan de l'unité territoriale du royaume à la fin du Moyen Âge, le destructeur de la puissance bourguignonne et l'un des rois qui poussèrent le plus fortement le gouvernement de la France vers la monarchie absolue et centralisée. Rancunier, dépourvu de tout scrupule pour réussir, il ne fut pas aimé de ses contemporains, qui le redoutaient et le méprisaient tout à la fois. Il n'en fut pas moins un grand roi.

Machaut GUILLAUME DE *(Machault, dans les Ardennes, av. 1300 - Reims 1377).* D'origine obscure, il fit de bonnes études, devint clerc et entra au service du roi de Bohême Jean de Luxembourg. Puis il passa à celui de Charles le Mauvais, et obtint enfin une charge de chanoine à Reims, où il s'établit. Poète lyrique, chroniqueur, musicien, il fut l'un des maîtres des lettres de son temps. Premier écrivain qui se soit soucié de son métier d'auteur et de la conservation matérielle de ses œuvres, il fut également un théoricien et un compositeur très influent en matière de musique. Il fut le premier musicien qui nous ait laissé une messe polyphonique complète, la *Messe Nostre-Dame*.

Étienne Marcel · Phot. B.N.

Marcel Étienne *(Paris 1315 - id. 1358).* Riche marchand drapier parisien, il fut d'abord échevin puis devint prévôt des marchands, c'est-à-dire magistrat suprême de la capitale en décembre 1355. Pendant les états de 1356 et 1357, il apparut comme le chef naturel du parti s'opposant à la toute-puissance de l'autorité monarchique. La politique des réformes par la conciliation ayant échoué à cause de l'opposition du Dauphin et de la noblesse, Marcel tenta de l'imposer par la force (février 1358). Au cours de la crise qui en résulta, Paris entra dans la voie révolutionnaire. La fin en fut sanglante : le 31 juillet, Étienne Marcel, qui avait fait appel aux Anglais et qui s'apprêtait peut-être à faire entrer le Navarrais dans Paris, fut assassiné par des émeutiers acquis à la cause du Dauphin. Celui-ci entra dans la capitale le 2 août. La révolution parisienne avait totalement échoué.

Martin V, Oddone Colonna *(Genazzano, Italie, 1368 - Rome 1431),* pape de 1417 à 1431. Cardinal dès 1405, homme pieux et instruit, éloigné des intrigues de son temps, il fut élu pape par le concile de Constance en 1417. Cette élection marquait la fin du Grand Schisme, mais Martin V n'entra à Rome qu'en 1420 et ne resta le seul pape qu'en 1423, au lendemain de la mort du dernier pape d'Avignon, Benoît XIII.

Mézières Philippe de *(Château de Mézières, près d'Amiens, v. 1327 - Paris 1405).* Issu d'une famille de petite noblesse, il fut chevalier et homme de guerre avant d'entamer une brillante carrière diplomatique, d'abord au service des rois de Chypre, puis de Charles V, dont il devint l'ami et le conseiller très écouté. Il fut le précepteur du Dauphin (le futur Charles VI) et laissa une abondante œuvre littéraire dont *le Songe du vieil pèlerin* (1389).

Montfort Jean comte de *(1293 - Hennebont 1345).* Fils du duc de Bretagne Arthur II, il entra en compétition avec sa nièce, Jeanne de Penthièvre en 1341, pour la succession au duché. Appuyé par le roi d'Angleterre, qu'il reconnaissait comme roi de France, il conduisit contre Philippe VI et Charles de Blois (époux de Jeanne) une guerre malheureuse, qui se prolongea bien après sa disparition. Son fils devint néanmoins duc de Bretagne en 1365.

Nicole Oresme · Phot. Lauros-Giraudon.

Oresme Nicole *(près de Caen v. 1325-Lisieux 1382).* Maître en théologie à l'université de Paris, il fut appelé à participer à l'éducation de l'héritier du trône pendant le règne de Jean le Bon. À l'avènement de Charles V, Nicole Oresme devint l'un de ses principaux conseillers et le grand théoricien de l'État et du gouvernement monarchique. Philosophe, traducteur d'Aristote, esprit encyclopédique, il fut aussi homme de science et s'intéressa notamment aux mathématiques, à la physique et à l'astronomie. Évêque de Lisieux (1377-1382), il bénéficia de son vivant d'une réputation de savant éminent.

Louis d'Orléans · Phot. B.N.

Orléans Louis, duc d' *(Paris 1372 - id. 1407).* Second fils de Charles V, il fut d'abord duc de Touraine (1386). Marié à Valentine Visconti, qui lui apporta le comté d'Asti et des droits sur le Milanais (1389), il reçut l'apanage d'Orléans en 1392. La démence intermittente de Charles VI en fit, dès 1392, le rival au Conseil du duc de Bourgogne Philippe le Hardi, car il prétendit, en tant que frère du roi, à la première place dans la gestion des affaires du royaume. Attiré par l'Italie, contrariant l'expansion bourguignonne en Champagne par sa politique visant à réunir son apanage au Luxembourg, dont il était le maître, par le relais du comté du Porcien, il entra en conflit violent avec le fils et successeur de Philippe le Hardi (mort en 1404), son cousin Jean sans Peur, duc de Bourgogne. Celui-ci le fit assassiner en 1407, profitant de l'impopularité de ce mécène fastueux et dépensier qui eut le mérite de faire de sa chancellerie le foyer de la première renaissance intellectuelle de Paris. Sa disparition brutale conduisit le royaume à la guerre civile.

Pisan Christine de *(Venise v. 1365-Poissy 1430).* Fille d'un astrologue et diplomate italien entré au service du roi de France, elle connut une enfance heureuse et studieuse à la cour de Charles V, dont elle deviendra la biographe. Elle eut diverses protecteurs, armagnacs ou bourguignons, francais ou anglais. Elle acquit la célébrité de son vivant par son œuvre d'écrivain, abordant tous les genres et brillant dans chacun.

Philippe le Bon · Phot. Giraudon.

Philippe le Bon duc de Bourgogne *(Dijon 1396 - Bruges 1467).* Fils unique de Jean sans Peur et de Marguerite de Bavière, il devint duc après la mort de son père, en 1419. De santé fragile mais doté d'une énergie froide et calme, il

Christine de Pisan · Phot. Lauros-Giraudon.

aspira de bonne heure à jouer un rôle personnel dans la politique européenne. Jusqu'en 1435, souhaitant venger la mort de son père, il fit alliance avec les Anglais, négociant le traité de Troyes de 1420, occupant une large partie de la France du Nord, dont Paris, livrant Jeanne d'Arc à ses ennemis (1430). Après la paix d'Arras, conclue avec Charles VII (1435), il retourna ses alliances, mais se désintéressa quelque peu des affaires du royaume de France pour se consacrer à l'extension de ses propres domaines aux Pays-Bas. Ayant réussi à reconstituer en une vingtaine d'années l'immense territoire de l'ancien royaume de Lotharingie — du comté de Bourgogne à celui de Frise —, il devint le prince le plus puissant de toute la chrétienté. Homme intelligent, mécène fastueux, véritable précurseur de la Renaissance dans l'Europe du Nord, Philippe le Bon exerça un ascendant immense sur tous ses contemporains, qui l'admiraient et le redoutaient. Il transforma la vie de cour, créa le protocole et l'étiquette modernes, changea les habitudes de la vie politique et bouleversa la géographie politique de l'Occident. Sans jamais avoir été roi, bien qu'il eût aspiré à la couronne de Lotharingie (1447), le « grand duc du Ponant » fut une des personnalités les plus fortes de toute l'histoire de l'Europe.

Philippe le Hardi DUC DE BOURGOGNE *(Pontoise 1342 - Halle, Belgique, 1404).* Quatrième et dernier fils de Jean le Bon, il fut tout jeune le héros du désastre de Poitiers, où il combattit jusqu'au bout aux côtés de son père (1356). Devenu duc de Bourgogne en 1363, il fut le fondateur de la puissante dynastie ducale, qui acquit, au XVe siècle, une puissance territoriale et politique exceptionnelle. Son mariage en 1369 avec Marguerite de Flandre lui permit de devenir comte de Flandre, en 1384, et de conduire une efficace politique d'acquisitions aux Pays-Bas. Principal chef du gouvernement pendant la minorité, puis la folie, de son neveu Charles VI, Philippe le Hardi se révéla habile politique. Mais il fit toujours passer ses intérêts propres et ceux de sa maison avant les intérêts du royaume. Il mourut en 1404, alors qu'il était, depuis près de dix ans, en conflit avec son neveu Louis d'Orléans, conflit personnel qui annonçait déjà la guerre des factions entre Armagnacs et Bourguignons.

Philippe VI *(Paris 1293 - Nogent-le-Roi 1350),* roi de France (1328-1350). Fils du frère de Philippe le Bel, Charles de Valois, il fut d'abord comte du Maine puis comte de Valois. Il devint roi de

Philippe VI - Phot. Bulloz-Ciccione.

France en 1328 à la mort de son cousin Charles IV. Son avènement, qui était aussi celui d'une dynastie nouvelle, ne suscita aucune opposition sur le moment. Prince brillant et pieux, il fut plus un chevalier qu'un souverain. Il eut à plusieurs reprises le dessous dans le conflit qui, à partir de 1337, l'opposa au roi d'Angleterre Édouard Ier, notamment à Crécy en 1346. Ami des arts, Philippe VI fut le premier roi d'Europe à tenir une cour fastueuse, où l'étiquette et le protocole avaient définitivement fait leur apparition.

Raoul de Presles *(Paris 1316 -* id. *1382).* Fils adultérin d'un légiste de Philippe le Bel, il fut remarqué par Charles V qui en fit son conseiller. Érudit et théoricien des principes de gouvernement, il laissa également une œuvre littéraire. À la demande du roi, il traduisit en français *la Cité de Dieu* de saint Augustin ; il mourut alors qu'il était en train de traduire la Bible.

René d'Anjou *(Angers 1409 - Aix-en-Provence 1480).* Deuxième fils de Louis II d'Anjou et de Yolande d'Aragon, il reçut de nombreux fiefs : les duchés de Bar, de Lorraine et d'Anjou, le comté de Provence, ainsi que la royauté théorique sur Naples, la Sicile et Jérusalem. Hostile au duc de Bourgogne, Philippe le Bon, qui le vainquit et le fit prisonnier à Bulgnéville (1431), il fut libéré en 1436 et parvint à occuper Naples et à y régner (1438-1442). Il ne put empêcher les Aragonais de reconquérir sa capitale. Il regagna alors la Provence et la France, où il soutint Charles VII. Plus heureux dans sa vie privée que dans ses actions politiques, il put être un mécène protecteur des arts et des lettres malgré ses besoins d'argent. Érudit et collectionneur, ce souverain s'entoura d'artistes et de savants et tint à Aix-en-Provence une des cours les plus policées et les plus fastueuses de son siècle.

Sorel AGNÈS *(Fromenteau, Touraine, ou Froidmantel, Somme, v. 1422 - Jumièges, Normandie, 1450).* Maîtresse de Charles VII — à qui elle donna quatre filles — à partir des années 1440, elle fut la première favorite officielle d'un roi de France, qu'elle séduisit grâce à sa grande beauté. Elle en reçut une riche seigneurie, celle de Beauté-sur-Marne, qui lui valut son surnom de « Dame de Beauté ». Elle exerça une grande influence sur le roi, et l'encouragea à reprendre la guerre contre les Anglais. Elle mourut dans des circonstances mystérieuses. On accusa le dauphin Louis de l'avoir fait empoisonner.

Van Artevelde JACOB *(Gand vers 1287 - Gand 1345).* Membre de la bourgeoisie gantoise, maître influent de la riche corporation des drapiers, il devint, lors de la révolte générale de 1337 provoquée par la politique française du comte, l'homme providentiel de la Flandre. De 1337 à 1345, il y exerça un pouvoir absolu, rechercha l'alliance anglaise, fit proclamer Édouard III roi de France et réussit à faire l'union flamande en réconciliant les trois villes rivales : Gand, Bruges et Ypres. Son autorité fut toutefois entamée par des conflits sociaux opposant foulons et tisserands. Désireux d'échapper à l'emprise de ces derniers, il fut massacré lors d'une émeute qu'ils fomentèrent en juillet 1345.

Villon - Phot. B.N.

Villon FRANÇOIS *(Paris 1431 - apr. 1463).* Sa vie de mauvais garçon nous est mieux connue que sa vie de poète. De petite naissance, il fut adopté par un chapelain de Saint-Benoît dont il prit le nom. Maître ès arts de l'université à l'âge de vingt et un ans, il fut pris, en 1455, dans une querelle au cours de laquelle il tua un prêtre. Devant fuir Paris, il se lia avec des voleurs et des brigands de grands chemins, dont il apprit l'argot. De retour à Paris, grâce à des lettres de rémission obtenues par son père adoptif, il commit plusieurs vols, fut banni de la capitale, erra pendant cinq ans à travers le royaume, rencontra différents protecteurs (dont Charles d'Orléans), puis revint à Paris. De nouveau condamné, à la pendaison cette fois, il vit sa peine commuée en bannissement la veille même de l'exécution, au mois de janvier 1463. L'histoire perd ensuite sa trace. Quoique mince, son œuvre poétique, à la fois savante et populaire, construite sur un lyrisme fortement personnel et douloureux, en fait l'un des plus grands poètes français de tous les temps.